Albert Engelhardt
Golle 1955 – 1965

Albert Engelhardt

Golle

Eine Kindheit in Goddelau (Ried)

1955 – 1965

Bibliografische Information der Deutschen Nationalbibliothek:
Die Deutsche Nationalbibliothek verzeichnet diese Publikation in der Deutschen
Nationalbibliografie; detaillierte bibliografische Daten sind im Internet über
http://dnb.dnb.de abrufbar.

© 2020 Albert Engelhardt
Herstellung und Verlag
BoD – Books on Demand, Norderstedt
ISBN: 9783752629088

Meiner Mutter
Barbara Engelhardt
(1928 – 2018)

Inhalt

0 Warum?

Die Idee zu diesem Buch wurde im vergangenen Frühjahr (2020) geboren. Wieder einmal war ich mit dem Rennrad im Ried unterwegs und habe Goddelau von Wolfskehlen kommend Richtung Philippshospital durchfahren. Das hatte ich in den vergangenen Jahren regelmäßig getan – in der Regel im Frühling und wegen des flachen Geländes, das den Saisoneinstieg erleichtert. Seltener kam ich von Erfelden, die „neue" Bahnunterführung schreckte mich ab. Von der Gernsheimer Fähre her habe ich Golle ebenfalls regelmäßig angesteuert, um dann weiter Richtung Trebur oder Groß-Gerau und von dort aus nach Hause, nach Wiesbaden zu fahren. Alles in allem jedes Jahr fünf oder sechs Mal zwischen Februar und Mai.

Natürlich waren mir bereits in all diesen Jahren, sagen wir ab 2000, die großen und kleinen Veränderungen im Straßenbild aufgefallen. Ja, bereits Ende der 1980er Jahre hatte ich mit meinem damals fünfjährigen Sohn Goddelau besucht, um ihm (welch illusionäre Vorstellung!) zu zeigen, wo sein Vater als Kind gelebt hatte.

Vor diesem Kurzbesuch war ich über zwanzig Jahre nicht mehr im Dorf meiner Kindheit gewesen.

1965 zogen meine Eltern, meine Schwester, mein damals erst dreijähriger Bruder und ich wieder dorthin, woher die Familie 1955 nach Goddelau zugezogen war: nach Erbach im Odenwald.

Ins Ried kamen wir aus beruflichen Gründen – mein Vater war Eisenbahner, und Goddelau-Erfelden war ein relativ wichtiger, stark frequentierter Bahnhof. Weggezogen sind wir aus familiären Gründen – zurück ins Elternhaus meines Vaters.

Der Abschied von Goddelau war für mich und meine zwei Jahre jüngere Schwester Astrid sowie vor allem für unsere Mutter ein schwerer, trauriger Abschied. Sie hatte im Ried wohl die glücklichste Zeit ihres Lebens verbracht. Für mich war es der Abschied von meiner Kindheit – also auch von all den Freunden und Nachbarn, vom Fußball in der TSV-Jugend, von den Straßen, vom Schwimmbad, von geheimen Verstecken, den ersten Kippen und von der ersten Freundin. Abschied von all dem, was mich (und ähnlich auch meine Schwester) bis 1965 – also sozusagen das ganze bisherige Leben lang – begleitet und geprägt hatte.

Zurück aufs Rennrad. Bei den diesjährigen Touren habe ich genauer auf Details geachtet, zum Beispiel auf verschwundene Geschäfte und Gaststätten. Ich erinnerte mich an den Aushangkasten der Fußballer und den Kartoffelacker, auf dem ich meine ersten Markstücke verdient hatte. Ich hatte schon in den Jahren zuvor die alten Wohnadressen von Schulkameraden und beliebten Mädchen angesteuert – meist vergeblich. Ich habe den Hof des in meiner Erinnerung reichsten Bauern und die Adresse der nach meiner Erinnerung vermutlich ärmsten Bauernfamilie wiedergefunden. Ich wusste noch, wo es das beste Eis und wo es das billigere Wassereis zu kaufen gab. Meinen Kindergarten und die Volksschule fand ich am gewohnten Ort, das Kino war verschwunden, wie unsere Apotheke. Der Friseurladen war noch da! Ich war natürlich in der (auf den ersten Blick fast unveränderten) Bahnhofsallee, und ich habe bis heute nicht ein damals nagelneues, um 1965 in der Weserstraße gebautes Einfamilienhaus gefunden, in das ehemalige Bahnhofsallee-Nachbarn gezogen waren.

Die örtlichen Koordinaten haben sich in den vergangenen mehr als fünfzig Jahren erheblich verschoben. Für mich und meine Erinnerungen gravierend: Die gedachte Linie Bahnhof, Goethestraße,

Feldweg (heutige Freiherr-vom-Stein-Straße) war die äußerste Grenze Goddelaus nach Süden. Die Mittelpunktschule wurde damals (kurz vor 1965) gerade erst gebaut – mitten auf einem Acker, südlich dieser Linie. Meine Schwester Astrid hat diesen Neubau wohl noch für ein Jahr besucht.

Zum vorliegenden Buch muss also unbedingt gesagt werden: Es speist sich aus meinen Erinnerungen, aufgefrischt durch die erwähnten Durchfahrten mit dem Rad. Ich sage dies deshalb, weil Erinnerungen trügen – trügen können oder gar trügen müssen. Ich habe in den seit 1965 vergangenen 55 Jahren nur drei kurze Gespräche in Goddelau geführt. Zwei davon liegen mittlerweile über Jahrzehnte zurück, ein sehr angeregtes fand eher zufällig im Frühsommer 2020 statt. Ich habe mich in Vorbereitung dieses Buches und bei der Niederschrift bewusst dafür entschieden, nicht extra vor Ort genauer zu recherchieren oder für die Spurensuche ausgiebig *Google* oder andere Suchmaschinen zu bemühen. Zwei in der Stadtbücherei ausgeliehene Fotobände (die kaum Abbildungen aus den mich interessierenden Jahren enthielten) und vor allem drei Alben unserer Familie (denen die in diesem Buch veröffentlichten Fotos entnommen sind), wurden zu visuellen Stützen und Krücken, die mir halfen, mich meiner Erinnerungen zu vergewissern.

Das vorliegende Buch soll mit all seiner Unvollständigkeit, mit seinen Ungenauigkeiten und (hoffentlich nicht allzu vielen) Fehlern vor allem eins sein: ein Erinnerungsbuch an eine schöne Kindheit. An zehn Jahre in einem so nicht mehr existierenden Dorf. Jahre, die offenbar so erlebnisreich und eindrucksvoll waren, dass ich bis heute den Preis für einen Drei-pfünder oder drei Schoppen Milch erinnere, sehr viele der Namen meiner 46 Mitschüler und Mitschülerinnen (und die der TSV-Jugendmannschaften C II und C I) aufsagen kann, und Haus und Hof darauf verwetten würde, wo Hartung VIII über dem Eingang eines Haushaltswarengeschäfts geschrieben stand, und in welchem Schuppen ich zum ersten Mal *Akim* und *Sigurd* gelesen habe.

Ich vermute, dass Sie, liebe Leserin und lieber Leser, zu meinen Erinnerungen an vielen Stellen die Ihren hinzufügen können – ergänzend, bestätigend, korrigierend. Jeder hat seine eigene Vergangenheit und seinen eigenen persönlichen Erinnerungsschatz.

Es hat immer einen Grund, dass wir uns an manches gern, an anderes eher ungern erinnern. Und es gibt eben auch Erinnerungen, die mit den Jahren immer wieder neu gedacht, erzählt, verfestigt oder verändert werden. Das Vergangene ist verschwunden, es wird immer nur erinnert, wie ein Puzzle immer wieder neu zusammengesetzt, beeinflusst vom Heute.

So bleibt es auch nicht aus, dass manches nicht nur aus der Realität verschwindet, sondern mit der Zeit eben auch aus der erinnerten Vergangenheit – aus unserer persönlichen Erinnerung.

Die nun folgenden Seiten wurden auch deshalb ge-schrieben.

1 Bahnhofsallee 12

Womit und wo anfangen?

Eine chronologische Rückschau ist unmöglich. Natürlich, 1955, das Jahr des Umzugs nach Goddelau könnte als Anfang, der Wegzug 1965 als Endpunkt genommen werden. Dazwischen lägen die Kindergartenzeit, die Einschulung und Volksschule, die Jahre auf dem Gymnasium in Gernsheim, die Jahre beim TSV und in der Evangelischen Jungschar. Die vielen erinnerten konkreten Ereignisse und Erlebnisse ließen sich aber keinesfalls immer in der richtigen Reihenfolge und dann noch passgenau in die Jahreszahlen 1955, 1956, 1957 ... bis 1965 pressen.

Die Goller Kerb und die Radtouren zum Kühkopf, die Schlittenfahrten im Spital und die Schwimmbadsommer haben viele eindrückliche Erinnerungen hinterlassen. Dazu Peinliches und viel Glück. All diese Erinnerungen lassen sich oft keinem bestimmten Jahr zuordnen, obwohl sie zweifellos in bestimmten Jahren ihren Anlass haben.

Ich habe mich statt für eine zeitliche für eine eher räumliche Ordnung meiner Erinnerungen (und deren Niederschrift) entschieden. Straßennamen, Gebäude, Kreuzungen, Plätze ... können dem interessierten Leser und der interessierten Leserin heute noch zur Orientierung dienen, selbst wenn diese Örtlichkeiten ihr Gesicht stark verändert haben und zahlreiche Häuser und Geschäfte mittlerweile völlig verschwunden sind.

Also beginne ich mit der Bahnhofsallee 12. So adressiert das „Bahn-Haus", in das ich als Vierjähriger und unsere Familie 1955 eingezogen sind. Zunächst unters Dach, in das oberste Stockwerk, einige Jahre später in die größere Wohnung im ersten Stock. Ein stattliches Haus, das von außen betrachtet – wenn auch nur auf den ersten Blick – heute noch fast genauso aussieht wie vor nunmehr gut sechzig Jahren.

Das Haus ist kein altes Fachwerkhaus und kein zu einem (aktiven oder ehemaligen) Bauerngehöft gehörendes Wohnhaus (wie man sie damals vor allem in der Weidstraße oder Spitalstraße fand), aber auch kein Einfamilienhaus wie die in der zu Beginn der 1950er Jahre entstehenden Siedlung zwischen Ludwig-straße und (Altem) Friedhof.

Unsere Familie (Barbara, Astrid, Albert und Georg Engelhardt) im ersten Jahr in Goddelau. Blick vom Befehlstellwerk auf die Bahnhofsallee 12 – über die Fahrradständer und die „Kaktusallee" hinweg.

Die Bahnhofsallee war auf ihrer ganzen Länge durch frei stehende, meist drei Etagen zählende „bürgerliche" Häuser geprägt. Häuser, die allesamt um 1900/1920 gebaut worden sein dürften. Ich erinnere mich noch sehr genau an das Nachbarhaus Richtung Bahnhof (Nummer 14), das kein Eisenbahner-, sondern wohl ein „Stahlbau-Haus" war. Hier wohnten im Parterre Westhäusers; Richard war ein Klassenkamerad meiner Schwester Astrid und hatte eine bereits wenige Jahre ältere, später dann sehr attraktive und von uns angehimmelte Schwester (Rita). Im obersten Stockwerk wohnte Rainer Herchenröder mit Eltern (und Bruder?); einige Jahre älter als ich, bereits in der B- oder A-Jugend des TSV spielend. In der Mitte schaute aus dem Fenster immer ein in unseren Augen schon älterer Mann (Herr Junker?), den wir nur „Kinderschreck" nannten. Er meckerte über Kreidezeichnungen auf dem Asphalt und über unser Gekicke vor der Güter-halle.

Das nächste Haus, das Eckgrundstück zur Goethe-straße, war *die Rheinelektra* mit Schaufenstern, in denen Waschmaschinen, Elektroherde und andere Küchengeräte zu bestaunen waren (all das hatten wir und unsere Nachbarn im Haus in den Fünfzigern nicht). Eine Werkstatt bzw. ein Betriebshof dürften auch zum Gelände gehört haben.

Auf der anderen Seite der hier beginnenden Goethe-straße standen noch zwei Gebäude, die ebenfalls von der Bahn genutzt wurden: die Bahnmeisterei und ein Wohnhaus – hier wohnte zum Beispiel die mit uns befreundete Familie Schermuly, die irgendwann in diesen Jahren nach Hattersheim umgezogen ist. Wir haben sie einmal besucht, in einer Dienstwohnung direkt im Bahnhof. Mich faszinierte dort vor allem der Blick auf das Sarotti-Werk jenseits der Gleise.

Links von *der 12* stand ein privates Eckhaus – ich erinnere die freundlichen Nachbarn und den jungen weiblichen Teenager (der auch zum ersten Wohnhaus der Friedrichstraße gehört haben kann), der – auf dem Klo sitzend – immerzu lauthals *Pigalle Pigalle, das ist die große Mausefalle ...* sang – ein Hit von Bill Ramsey.

Die Bewohner der Häuser zwischen Friedrichstraße und Bahnhofstraße kannte ich nicht so genau. Ich könnte, ohne heute nachzuzählen, noch nicht einmal sagen, wie viele Häuser es waren. In einem, dem Eckhaus zur Friedrichstraße, war eine Arzt- oder Zahnarztpraxis untergebracht. In einem der nächsten wohnte eine Familie, deren Tochter (Töchter?) sehr gut Rollschuh fahren konnte(n). Inga hatte richtige Rollschuhstiefel, war eine Schönheit und beeindruckte mich durch ihre weiße Stirnsträhne im schwarzen Haar. Am Ende der

Allee stand das Gasthaus Diehl, die *Alte Post,* mit einer großen, im Sommer sehr gut besuchten Terrasse.

Das Haus Bahnhofsallee 12 gehörte damals der Bahn, und alle drei Wohnungen (sowie die Wohnung im rückwärtigen Nebengebäude) waren Dienst-wohnungen für Eisenbahner. Im hinteren Teil des großen kopfsteingepflasterten Hofes stand zudem ein recht großer Schuppen, der von zwei Mietparteien – Richters und uns – genutzt wurde.

Im erwähnten flachen Nebengebäude befanden sich neben einer Wohnung noch die der ganzen Hausgemeinschaft dienende Waschküche sowie eine Außentoilette. Zum Haus gehörten damals ebenfalls große Gartengrundstücke: straßenseitig ein Vorgarten mit vielen Tulpen, Krokussen, Goldregen und Pfingstrosen. Die großen Gartenflächen links der Hofeinfahrt und hinter Haus und Hof wurden über-wiegend als Nutzgarten bepflanzt (Obst, Gemüse). Unvergessen die beiden Birnbäume (der eine gegenüber der großen Veranda, der andere an der Seite hin zur Nr. 14); große grüne Flaschenbirnen (knallhart) am einen, kleine äußerst saftige Birnen am anderen Baum. Direkt am Hoftor stand noch eine sehr hohe Birke. Ob an der Ecke zum Hinterhof ein Nussbaum gestanden hat, kann ich heute nicht mit Gewissheit behaupten. Doch etwas anderes weiß ich noch genau: An einer kleinen Treppe vom Hof zum hinteren Garten haben Klaus oder Herbert und ich vor sechzig Jahren einen Schuhkarton mit Abermillionen Reichsmark Inflationsgeld verbuddelt ... und vergessen.

Das Haus war, so wurde damals erzählt, vor dem Kauf durch die Bahn im Besitz eines Weinhändlers. Genaueres weiß ich nicht. Für diese Vermutung sprach auf jeden Fall der sehr große Keller, mit seinem für uns Kinder ungewöhnlichen und eindrucksvollen Gewölbe. Gegenwärtiger waren über Jahre die Mausefallen und das ausgelegte Rattengift.

In der Bahnhofsallee 12 wohnten in den hier beschriebenen Jahren die Familien Haber, Richter, Spitzkopf, Jung und eben wir, die Engelhardts.

Es ist nicht ausgeschlossen, dass in den 50er Jahren im Nebengebäude zeitweise eine weitere Familie ge-wohnt hat, an die ich mich nicht mehr erinnere. Was spricht dafür? Ein Mädchen ist auf mehreren unserer Fotoalbum-Bilder zu sehen, war also mit uns bekannt, doch weder meine Schwester noch ich haben an sie eine genauere Erinnerung. (Jetzt, beim Schreiben, schwirren mir plötzlich die Vornamen Regine und Helene durch den Kopf!)

Wir zogen vom obersten Stockwerk eine Etage tiefer, als Familie Haber auszog (für kurze Zeit nach Bürstadt oder Lampertheim, dann für viele Jahre in die Schachtstraße am Darmstädter Hauptbahnhof). Ob das schon etwas ältere Ehepaar Spitzkopf, das aus der Hohen Tatra stammte und für unsere Goller Kinderohren seltsam sprach, zur gleichen Zeit von außerhalb in die Bahnhofsallee 12 (oberster Stock) gezogen war oder bis dahin im Nebengebäude gewohnt hatte, erinnere ich nicht. Auf jeden Fall bezog irgendwann in den Folgejahren (1960er) die etwas jüngere Familie Jung – aus dem oberhessischen Mainzlar stammend – das Nebengebäude und wohnte dort auch noch im Jahr unseres Wegzugs. Ihre Kinder wurden hier geboren. Mit oder kurz nach uns verließen auch Richters die Bahnhofsallee; sie hatten im damals völlig neu entstehenden Viertel rund um die Mittelpunktschule ein Haus gebaut.

Unsere (zweite, recht große) Wohnung – die Miete lag bei gut 50 DM – bot neben dem langen Flur eine Wohnküche, das Elternschlafzimmer, das Wohnzimmer (mit direktem Blick auf das Befehlsstellwerk, den

Arbeitsplatz des Vaters) und das Kinderzimmer. Alle Räume waren natürlich kleiner als unsere Kinderaugen und Kindheitserlebnisse glauben machen wollten. Im Wohn- und im Kinderzimmer wurde mit *Kanonenöfen* (Holz, Kohle, Briketts) geheizt. In der Küche stand der Kohleherd zum Heizen, Kochen, Backen. Im offenen Backofen wurden im Winter nach dem Schlittenfahren die kalten Füße gewärmt. Dort bekam auch Astrids Puppe Uschi ihre lebenslange Delle auf die Stirn.

In der sowieso klitzekleinen Toilette war ein noch kleineres Waschbecken. Gewaschen wurde sich am großen Spülstein in der Küche. Gebadet bzw. geduscht wurde samstags in der *Übernachtung* des Bahnhofs, im Sommer auch mal in einer Zinkwanne im Hof.

Wohnzimmer und Kinderzimmer waren für damalige Verhältnisse und für uns als Kleine-Leute-Familie großzügig. Das Wohnzimmer bot Platz für eine Couch, Couchtisch und zwei Sessel, einen kleinen Tisch mit Radio, einen dunklen Schrank für das „gute" Geschirr und Gläser und ein dazu passendes Buffet (später mit Fernseher) und ein Goldfischglas. Im Kinderzimmer hatten Astrid und ich genug Platz für zwei Betten nebst Nachtschränkchen, eine Wäschekommode, einen Nierentisch, mein erstes Bücherregal. Zu Weihnachten kamen noch die recht große elektrische Eisenbahn und Astrids Puppenküche und Kaufladen dazu.

Im Haus Bahnhofsallee 12 wohnten zu jener Zeit mindestens vier, für kurze Zeit sogar sechs Kinder. Die Väter waren Eisenbahner-Kollegen, die Mütter in der Regel zu Hause, die Kinder etwa gleichen Alters (unser kleiner Bruder Ralf, 1962 geboren, war als Nachzügler eher so alt wie die Jung-Kinder).

Das Haus, der Hof, die Straße waren unsere Spiel-plätze. Der Autoverkehr war mäßig (bis Ende der 50er Jahre besaß im Haus auch niemand ein Auto). Auf der Bahnhofsallee konnte gefahrlos Roller oder Rad ge-fahren werden. Wir haben dort mit einem Ball aus Stofflumpen oder einem kleinen Gummiball Fußball gespielt (das Tor: die Rampe der Güterhalle), Federball, Hickeln, Gummi-Twist. Mit dem Absatz wurde die *Kaut* fürs Klickern in den festen Sand des Trottoirs gebohrt. Die Bahnhofsallee war eine Lindenallee, die nach einem kräftigen Schnitt für uns Kinder zur „Kaktusallee" wurde.

Blick jeweils aus dem Küchenfenster auf den Hinter-
hof: Meine Mutter (oben) und Frau Haber.
Geselligkeit zu Silvester: (v. li.) mein Vater, Frau
Schermuly, Herr Haber, meine Mutter und Herr
Schermuly.

Astrid und ich in der Goethestraße: Blick auf den Bahnhof, das Wohnhaus mit Bahnmeisterei (li.) sowie „die Rheinelektra" (re.). Sandkastenfreundschaft im Hof der Bahnhofsallee 12: Astrid und ich mit Brigitte Haber (re.).

2 Der Bahnhof

Der Goller Bahnhof (offizielle Bezeichnung: Goddelau-Erfelden) war ein vergleichsweise wichtiger und schon altgedienter Bahnhof. Gemessen daran, dass er nur die Eisenbahnstation am Rande eines ehemaligen Bauerndorfs (bzw. zwischen zwei Dörfern) war. Schon vor den Jahren nach dem 2. Weltkrieg, als sich Goddelau mehr und mehr zum Pendlerdorf wandelte. Eine Gemeinde mit rund 3.800 Einwohnern (eine Zahl, die mir aus den 60er Jahren noch präsent ist).

Hier kreuzten schon in früheren Jahren (etwa ab 1880) mehrere Bahnstrecken. Von hier aus konnte man auf direktem Weg nach Darmstadt, nach Frankfurt, nach Worms und nach Mannheim gelangen. Hier hielten Nahverkehrszüge (den Schienenbus mochte ich am liebsten) und Eilzüge. Schnellzüge wie der legendäre *Rheingold* und der *TEE* fuhren durch. An Güterzügen zählten mein Freund Klaus und ich zwischen 30 und 50, manchmal sogar bis zu 60 Waggons.

Der Bahnhof hatte ein Befehlsstellwerk (direkt am nördlichen Ende des Bahnsteigs) und zwei weitere Stellwerke, dazu die so genannten Posten, die an den

Bahnübergängen Richtung Leeheim-Wolfskehlen bzw. Stockstadt platziert waren. Nicht nur das Schließen und Öffnen der Bahnschranken war Handarbeit. Die vielen Weichen und Signale bedeuteten auch für die Männer auf den Stellwerken in diesen Jahren wirkliche Knochenarbeit. Mein Vater tat über die Jahre auf allen Goller Stellwerken Dienst.

Am Bahnhof konnten damals Fahrkarten gekauft und Reisegepäck aufgegeben werden. Frachtgut wurde über die Güterhallen abgewickelt. An der Fahrkartenausgabe kauften wir jeden Samstag Eintrittskarten (Abrisskarten wie im Kino) für die Dusche bzw. das Wannenbad in der *Übernachtung*. 20 Pfennige pro Person, Kinder vielleicht die Hälfte oder umsonst. Astrid mit der Mutter, ich mit dem Vater. Auf den glitschigen Holzdielen der großen Duschkabinen habe ich gelernt, wie man sich mit dem Handtuch den Rücken abtrocknet.

Ich vermute heute, dass die Nutzung der drei Kabinen nur Eisenbahnern möglich war. Dass es dieses *Übernachtung* genannte Sozialgebäude (ein Flachbau mit Feldbetten, grauen kratzigen Decken, schmalen Spinden und den Sanitäranlagen) gab, zeugt ebenfalls davon, das Goddelau-Erfelden als Knotenpunkt Lokführern, Heizern und dem Zugpersonal eine Übernachtungsmöglichkeit bieten musste. Diese Eisenbahner wohnten nicht in einem benachbarten Dorf, sondern waren vielleicht 50 km oder 100 km weit entfernt zu Hause. Sie hatten hier Dienstschluss und mussten am nächsten Morgen um 5 Uhr oder 6 Uhr wieder ihren Dienst antreten.

Der Bahnhof mit seinen zahlreichen zusätzlichen Dienstgebäuden (Basa, BM, Güterhallen, Fahrradunterstand, Sozialräume usw.) war alles andere als ein totes Gebäude (wie man sie heute vielerorts findet), heruntergekommen, zweckentfremdet, mit nicht immer funktionierenden Automaten. Damals, in unserer Kindheit, taten hier zahlreiche Eisenbahner Dienst. Die Überlieferung besagt sogar, dass die Bahn bereits um 1900 der größte Arbeitgeber am Ort gewesen war.

Wie der Bahnhof ein richtiger Bahnhof, so war vor sechzig Jahren die Bahnhofswirtschaft tatsächlich eine Gaststätte, in der sich Reisende und Einheimische aufhielten, etwas tranken oder gar aßen. Hier haben mein Vater und Seppl Richter Akkordeon gespielt, hier standen eine Musicbox und einer der ersten Flipper im Dorf, hier saßen Damen mit Hütchen und Herren im Anzug. Hier gab's am Außenschalter die *Abendpost-*

Nachtausgabe und Schoko-Rippen oder *Nappo*. Ein halbes Grill-Hähnchen gehörte zu den neumodischen Leckereien dieser Wirtschaftswunderjahre. Die Zigaretten – von *Eckstein* und *Overstolz* bis *HB* und *Ernte 23* – lieferte ein korpulenter Handelsvertreter, der mir aus drei Gründen in Erinnerung blieb: Er trug einen Strohhut, er fuhr einen *Ford 17M*, und zwar die Version mit Weißwandreifen und Haifischflossen, und das Auto hatte ein Kennzeichen, das mit GAP begann, was in der Gegend in all den Jahren einmalig war.

Vom Sohn des damals neuen Bahnhofswirts, gerade zugezogen aus dem Koblenzer Raum, habe ich meine ersten Fußballschuhe gekauft: *Adidas*, gebraucht, genagelte Lederstollen, knöchelhoch, 3,50 DM.

Der Bahnhof war auch ein Ort besonderer Aufregung. Vielleicht ist es in den zehn Jahren zwischen 1955 und 1965 nur zweimal oder dreimal passiert, doch für uns unwissende Kinder war diese vermeintliche Häufung beängstigend: „Und wieder", hieß es, habe sich jemand aus dem Spital vor einen Zug geworfen.

Viel eindrucksvoller – und für mich persönlich bis heute prägend – war die Ankunft der ersten so genannten Gastarbeiter. Italiener vor allem, die aus

Die Bahnhofsallee ohne jedes Auto; dafür (im Hintergrund) mit den Wassertürmen am Bahnhof.

süditalienischen oder Abruzzendörfern kamen und die alle behaupteten, aus Rom zu sein. *Roma, Roma, Roma.* Sie zeigten uns kleinste Postkarten-Leporellos mit allen Sehenswürdigkeiten ihrer Hauptstadt. Brücken, Brunnen, Ruinen. Sie trugen bei ihrer Ankunft nichts anderes als verschnürte Kartons und alte Koffer. Viele reisten im Anzug an. Sie waren freundlich, sehr kinderlieb, lachten mit uns und animierten uns zu einem stetig plappernden *Bonnschorno.* Darauf waren wir Kinder stolz. Männer, nur Männer, in unseren Augen schon ältere Männer. Über 30 Jahre alt, 40 Jahre? Wie unsere Väter. Sie waren angeworben worden, arbeiteten beim Stahlbau, bei Opel und Merck, bei den Farbwerken oder im Gleisbau auf den großen Hauptbahnhöfen. Sie waren nicht wohl gelitten. Auch in Golle nicht. Sie seien hinter „unseren" Frauen her ... – das lernten wir Kinder auf der Straße. *Spaghettifresser* und *Itaker,* so hießen sie bei vielen Erwachsenen. Sie trafen sich anfangs, als sie nur fünf oder zehn Männer waren, jeden Abend am Bahnhof. Dort standen sie auf der Treppe und erzählten sich was weiß ich was. Sie blieben lange für sich, auch noch, als Spanier, Portugiesen und viel später Türken folgten. Ich habe bis zum Umzug 1965 nicht mehr erlebt, dass einer von ihnen beim TSV Fußball gespielt hätte. Ihre Söhne dürften – wie anderswo auch – dann spätestens in den

80ern schon wie selbstverständlich im örtlichen Verein gekickt haben.

Für uns Kinder waren sie so etwas wie die Türöffner in eine entfernte, unbekannte Welt. Für die Gastarbeiter waren wir Kinder vielleicht die freundlichsten Türöffner in ihre neue Heimat.

Wer aus der Bahnhofsallee kommend am Bahnhof vorbei- und gerade aus weiterging, passierte die beiden Wassertürme. Für Unbefugte verboten, unzugängliche und für uns Kinder besonders geheimnisvolle Bauten. Einem Freund und mir gelang es eines Tages, einen der Türme zu besteigen. (Ich weiß nicht mehr, wer uns eingelassen – und begleitet? – hat, oder ob und wie wir selbst den Zugang bewerkstelligt haben.) Das brackige Wasser, ein darin schwimmendes Holzbrett, die Angst über die Brüstung zu fallen, die Befürchtung, irgendwo werde plötzlich ein Krokodil auftauchen. Aus den Türmen wurden die Dampflokomotiven mit Wasser für ihre riesigen Kessel versorgt. Ein Spektakel wie das zischende Anfahren der stählernen Ungetüme.

Nicht ganz so furchterregend, aber doch beängstigend hautnah waren die Gänse, die zu dem etwas abgelegenen Wohnhaus an diesem Weg gehörten. Ich musste diesen Weg oft gehen, da hinter dem Wohnhaus, direkt an den Gleisanlagen der Bahn unser Schrebergarten lag. An das dort angebaute Gemüse oder Obst erinnere ich mich nicht, abgesehen von den Brombeerhecken. Ausschlaggebend war, dass auf diesem dreieckigen Gelände das Bienenhaus meines Vaters stand. Das Honigschleudern war ein festes Datum im Jahresverlauf. Der *Eisenbahn-Landwirt* war die Zeitung, die in unserer Familie am längsten (bis in die 80er Jahre) im Abonnement bezogen wurde.

Und wenn mein Vater Dienst auf Stellwerk II hatte, das zwischen den Gleisen Richtung Stockstadt stand, und meine Schwester und ich sonntags „Essen tragen" mussten (Kartoffeln, Bratenfleisch und Soße, Gemüse im dreigeteilten Tornister), war es ebenfalls unvermeidlich, die ihren Hals nach uns streckenden und züngelnden Gänse zu passieren.

3 Das Viereck

Für uns – Klaus Hammel, Werner Hartung und mich – war nach dem Bahnhofsvorplatz *das Viereck* das nächstgrößere Terrain. Ich bin mir heute nicht ganz sicher, ob wir ausschließlich vom Viereck oder auch vom *Karree* sprachen. Gemeint war in jedem Fall das von der Bahnhofsallee, der Friedrichstraße, der Lessingstraße und der Goethestraße begrenzte Viereck. Am Bahnhof wohnte ich, in der Friedrichstraße Werner Hartung und Klaus Hammel (streng genommen schon wenige Meter außerhalb des Vierecks) in der Goethestraße 13 oder 15. Ein Eisenbahnerkind, ein Postlerkind, ein Polizisten-sohn.

Im das Karree begrenzenden unteren Teil der Friedrichstraße stand auf der rechten Seite ein Haus neben dem anderen – in der für das Ried typischen Bebauung: das in der Regel zweistöckige Haus stand direkt an der Straße, unmittelbar am Trottoir, ohne Vorgarten, ein meist großes Hoftor, nach hinten oftmals großzügiges Gelände mit Hof, Schuppen oder ehemaliger Scheune und Garten. Die linke Seite der

Friedrichstraße war hier uneinheitlich bebaut. Hier fand sich beispielsweise ein modernes zweistöckiges Haus, in dem ein Alterskamerad meiner Schwester wohnte (Michael?), der ungern in den Kindergarten und in die Schule ging. Daneben eine schöne alte Villa. Auf der Ecke zur Lessingstraße die katholische Kirche (gebaut in den 1930ern, modernisiert 1962). Deren vergleichsweise moderne Architektur verwies darauf, dass Goddelau und die überwiegende Mehrheit der Einwohner protestantisch waren. Die evangelische Kirche war viel älter, die Katholiken kamen wohl erst im 20. Jahrhundert, in großer Zahl vermutlich erst im Zuge der Flüchtlingsströme und Umsiedlungen nach dem Zweiten Weltkrieg ins nördliche Ried.

Der Kirche gegenüber, auf der anderen Seite der Lessingstraße, war eine Bäckerei, in der wir üblicherweise unser Brot kauften, den eingangs erwähnten Dreipfünder Kornbrot für 1,12 DM. Im Dorf gab es noch mindestens zwei weitere Bäcker: das Café Hill, fast schon an der Bürgermeisterei, das mir vor allem wegen der großen Kugeln Wassereis in Erinnerung ist, und die Bäckerei Wenner in der Hauptstraße Richtung Sportplatz. Aus dieser Familie stammte mein Klassenkamerad Gerd. Aus dem Bäckerladen Wenner benachbarten Metzgerei Schäfer kam noch ein

Vor der Bahnhofsallee 12. Oben: Astrid, das „namenlose"
Mädchen und Esther Veith; unten: Esther Veith, Werner
Hartung, Astrid, ich und die Unbekannte.

ein anderer Schulfreund, Otto. Dessen jüngerer Bruder Wolfgang hatte einen Schwarm: Astrid, meine Schwester.

Zurück zum Viereck. Auf der Ecke Friedrich-straße/Lessingstraße wohnte der Lehrer meiner ersten beiden Schuljahre, Herr Nösinger. Eines seiner Kinder (Jochen?) ging mit Astrid in die Klasse. Ging man die Lessingstraße weiter, kam man am Farbengeschäft Held(t) vorbei, bevor man an der Ecke Lessing-/Goethe-straße auf einen Laden mit einem großen Schaufenster stieß, der Schreib- und Bastelwaren, aber auch Bücher verkaufte. Hier – und in der Gemeindebücherei im Souterrain der Bürgermeisterei – wurde ich Stamm-kunde.

Die Lessingstraße endete an diesem Eck und ging in einen Feldweg über. Das sollte sich eines Tages ändern: Gut 50 Meter oder vielleicht 100 Meter weiter Richtung Acker wurde in der ersten Hälfte der 60er Jahre ein Mehrfamilienhaus – ein „Block" – gebaut und bezogen. Ein ähnlicher, in meiner Erinnerung jedoch deutlich größerer Block entstand zur selben Zeit am Bahnhof (in der Verlängerung der Bahnhofsallee, hinter der Bahn-meisterei), ebenfalls auf freiem Feld. Zu den Erstmietern gehörte die Familie Ihrig (Karlheinz Ihrig war ein Eisen-

An Neujahr (auf der Rampe der Güterhalle) und an Fastnacht (vor der Bahnhofsallee 14): Richard Westhäuser (li.)
sowie Astrid und ich.

bahner), die wie die Familie von Hannes Mutig (ebenfalls bei der Bahn beschäftigt) gerade aus dem Odenwald zugezogen war. Auch Richters kamen ursprünglich aus dem vorderen Odenwald, aus Ober-/Nieder-Ramstadt. Diese beiden Mehrfamilienhäuser in der Fortsetzung der Bahnhofsallee bzw. Lessingstraße bildeten zu dieser Zeit tatsächlich die südlichsten Goller Außenposten. Ich kann es nicht oft genug betonen: In den hier geschilderten Jahren hatte die äußerste Grenze Goddelaus in Richtung Stockstadt einen eindeutigen Namen, nämlich Goethestraße.

In der Goethestraße gab es noch vier andere, mir damals wichtige Adressen. Schräg gegenüber von Klaus Hammel wohnte in einem Einfamilienhaus meine Schulfreundin Doris Kraft. Weiter oben wohnten die Brüder Gruber, und etwa auf gleicher Höhe war die Praxis unseres Hausarztes. Ob es sich bei dessen Haus um das eindrucksvolle, so genannte Landhaus handelte, weiß ich nicht mehr. Meine Erinnerung: Ein sehr freundlicher Arzt, Doktor Weber, die Treppe in den ersten Stock war (für mich) das Wartezimmer. Neben den üblichen Kinderkrankheiten bleiben mir in Erinnerung: ein Bruch im Ellenbogengelenk (der mich einige Jahre später vor der Bundeswehr bewahrte) und eine schwere Verstauchung im Fußgelenk (wir waren im Treppenhaus der Bahnhofsallee 12 um die Wette weitgesprungen). Das Schlimmste war jedoch die Fingerwarzenbehandlung über dem Bunsenbrenner.

Am Ende der Goethestraße, schon in der Hauptstraße (heute Starkenburger Str.) war die *Heißmangel*, zu der auf einem Handkarren die große (Bett-) Wäsche gebracht wurde. Die Verlängerung der Goethestraße über die Hauptstraße hinweg, die heutige Freiherr-vom-Stein-Straße, war wie schon gesagt ein Feldweg. Diesen nutzten wir auf dem Weg zum Spital.

Auf der Bahnhofstreppe: vermutlich (v. li.) Astrid, ich, „die Namenlose", Brigitte (oder Esther?), ein unbekannter Junge.

4 Weitere Kreise

Das direkt am Bahnübergang nach Erfelden stehende Haus der Familie Horst war vor 60 Jahren zweifellos eines der stattlichsten Wohnhäuser im Dorf. Für mich war es das prächtigste, weil es dasjenige war, das ich am besten kannte und in dem ich oft zugegen war.

Die Familie, der die jenseits der Bahnlinie liegende große Holzhandlung gehörte, war für mein Empfinden die wohlhabendste Familie in Goddelau. (Zumindest unter den mir bekannten Familien. Wobei außerdem zu berücksichtigen ist, dass ich als Kind die Werthaltigkeit der Höfe und Ländereien großer Bauern überhaupt nicht einschätzen und bewerten konnte.)

Das Haus der Familie Horst, obwohl in der Bahnstraße adressiert, stand praktisch an der Stirnseite der Bahnhofsallee. Die Fassade und Architektur, die Größe des Hauses und das dieses umgebende Gelände waren in meinem Goddelau einzigartig. Der Hof, die Remise, die Wiese und der (wenn auch kleine) Swimmingpool standen für Reichtum und Großzügigkeit.

Im Haus beeindruckten mich vor allem der Eingangsbereich und das gesonderte Bügel- oder Wäschezimmer. Die immer gestärkte weiße Schürze der Haushaltshilfe oder Hauswirtschafterin ist mir unvergesslich.

Vom Inneren des Hauses sind mir auch die Küche und das Spielzimmer (der Töchter) in Erinnerung. Und vor allem der Wohnbereich! Eine Schiebetür, so etwas kannte ich bis dahin nicht, teilte das riesige und hohe Wohnzimmer. Doch in was? In ein Esszimmer und einen Salon? In einen Wohnbereich und einen Arbeitsbereich, ein Raucherzimmer oder eine Bibliothek? Die Eindrücke sind verschwommen. Mir sind neben der Schiebetür ein großer schwerer Schreibtisch und unzählige Jagdtrophäen, vor allem die Geweihe nichtheimischer Böcke in Erinnerung. Lange Speere und Safari-Fotografien aus dem südlichen Afrika mag ich hinzufantasieren.

Herr und Frau Horst ihn sah ich selten, sie durchaus immer bei meinen Besuchen – waren freundliche, „trotz" ihrer deutlich höheren sozialen Stellung erfreulich „normale" Menschen. Ihre Töchter Ingrid und Hella gingen mit mir bzw. meiner Schwester in eine Klasse. Ingrid eher lieb und verträumt, Hella schlau und forsch. Wir waren oft zusammen, bei uns am Bahnhof und

Oben: In der Friedrichstraße, im Hintergrund Bahnbetriebs-
gebäude und das „einsame" Wohnhaus jenseits der Gleise.
Unten: Vor dem Hoftor Bahnhofsallee 12.

Der Bahnübergang an der Straße nach Erfelden: die Holzhandlung Horst (li.) und das Wohnhaus Horst sowie das Wellblechhäuschen des Schrankenwärters (re.). Das untere Foto wurde aus dem Stellwerk II aufgenommen: im Hintergrund die Rückseite der Goethestraße, die äußere Grenze Goddelaus.

und noch viel lieber bei Familie Horst, drinnen und draußen. Drinnen haben wir oft Schule und Mensch-ärgere-dich-nicht gespielt, und heimlich auch die ersten Doktorspiele.

Zwei Ereignisse waren mir schon damals peinlich und sind bis heute unvergessen. Herr Horst hatte einen großen Hund, dessen Trockenfutter in der Remise (oder Garage) gelagert wurde. Ich habe mich aus Neugier und Unkenntnis aus dem großen Papiersack bedient. Brrrrh! Der Fehlgriff blieb vermutlich unentdeckt.

Die zweite Peinlichkeit bot dagegen Anlass für allgemeines Gelächter und Mitleid: Ich fiel (während einer Geburtstagsfeier?) in voller Sonntagsmontur in das Schwimmbecken und musste danach – triefend und mich fürchterlich schämend – an der vollbesetzten Terrasse des Gasthauses Diehl vorbei nach Hause laufen. Sehr lange, nicht enden wollende 150 Meter.

Ganz in der Nähe, die Bahnhofstraße entlang Richtung Ortsmitte, wohnte die Oma von Klaus Hammel. Auf dem Dachboden des Schuppens haben wir in einem bestimmten Alter gefühlt Tag für Tag Heftchen gelesen, geschmökert, getauscht. *Akim* und *Sigurd* waren meine Favoriten, Klaus bevorzugte *Tarzan* und *Prinz Eisenherz*. *Micky Mouse* oder *Dagobert Duck* haben wir uns gegenseitig und abwechselnd (jeder ein Bild) vorgelesen ... was kurioserweise fast immer einen Sinn ergab und witzig war. Unsere ersten *Jerry Cotton* wurden für einen oder zwei Sommer Lesestoff. *Landser*-Hefte (und auch Cowboy-Heftchen) fanden zumindest bei uns beiden kein Interesse. Umso mehr die abgegriffene und schon etwas zerfledderte Abschrift der *Geheimnisse einer französischen Nonne.* Keine Ahnung, wer uns diese zugesteckt hatte. Die erste Begegnung mit den (vermeintlichen) Gefühlsregungen und Gelüsten des weiblichen Geschlechts. Vor unseren ersten realen, zaghaften Begegnungen mit diesem haben wir Jungs das unsrige erkundet. Und aufgelesene Kippen wurden in zwei Zügen und hustend zu Ende geraucht.

Klaus hatte einen Cousin, der ab und zu seine Goller Oma besuchte. Der Vorname ist mir entfallen, der Nachname ist unvergesslich, weil außergewöhnlich: Radziwil. *Radze* wohnte in Rüsselsheim (oder in der Nähe der Opel-Stadt), seine Mutter war, hier kann meine Erinnerung jedoch trügen, alleinerziehend, eine Seltenheit in diesen Jahren. Er bekam von der Oma ab und zu Extra-Taschengeld zugesteckt – mehr als Klaus. Er ging damit zu Bäcker Hill und spendierte großzügig eine, so kam es mir vor, Riesentüte Rosinenschnecken, Streusel, *Amerikaner* usw. – voll für 1,50 oder 2 Mark.

In der Nachbarschaft von Oma Hartung wohnte Familie Spengler. Ich vermute, dass Herr Spengler, ein (vielleicht bereits ehemaliger) Arbeitskollege meines Vaters war. Frau Spengler blieb mir in Erinnerung, weil wir – meine Schwester Astrid und ich – am Neujahrstag mit unserem „Prost Neujahr" vor der Tür standen und immer mit Schokolade oder einer Apfelsine und jeder mit 50 Pfennig beschenkt wurden.

Ebenfalls auf der rechten Straßenseite und ungefähr auf der Höhe der Häuser Hammel und Spengler befand sich eine große Gärtnerei. Schmenger?

Folgen wir weiter der Bahnhofstraße Richtung Ortsmitte. Auf der linken Seite kommt man heute zu einem Abschnitt, der durch die hier abzweigende neue Straße/Bahnüberquerung und durch den Abriss bzw. Neubau mehrerer Gebäude durch Nichts an früher erinnert. Hier gab es die alten Geschäfte der Metzgerei Müller sowie eines Schneiders. Dazu ein weiterer Laden, mit dem ich seltsamerweise (aber auch nur ganz schwach) einen Handballer aus Erfelden verbinde. Hier bin ich mir absolut unsicher, zumal jetzt, beim Schreiben der Name Krummeck in meinem Kopf herumgeistert. Ein Name, zu dem ein Laden gehört –

Fastnacht im Saalbau Hartung: Astrid (Chinesin), ich, Ingrid Horst, Brigitte Haber und „die Unbekannte". Unten: Kasperletheater mit Astrid (unten rechts), in der nächsten Reihe Heidi Unger und Doris Diehl.

vielleicht der eben erwähnte? Auch Hefermehl und Kleinböhl sind Namen, die plötzlich aus dem Nichts auftauchen, ohne dass ich sie irgendwo „unterbringen" könnte.

Zu diesem Straßenabschnitt gehörte auch das Post-amt, wo ich auf der Suche nach einer Brieffreundschaft einen Brief nach Lagos (Nigeria) aufgegeben habe, für den das Porto trotz dünnem Luftpostpapier mein komplettes Sonntagsgeld aufgefressen hat. Der Brief blieb unbeantwortet. Ein zweiter Versuch, diesmal gerichtet an eine Eisenbahnertochter in der Schweiz, war erfolgreicher. Die Freundschaft hat für Jahrzehnte gehalten.

Auf der rechten Straßenseite, an der Ecke Lessing-straße, befand sich ein Grundstück, das in meinen Kinderaugen für Armut und Verwahrlosung stand. Eines der Kinder war in meiner Klasse, ein Junge, immer ungekämmt, verstockt und schlagkräftig. Sein Vorname ist mir bis heute gegenwärtig, sein Nachname fällt mir erst jetzt, beim Schreiben nach 60 Jahren, wieder ein. Nach meiner Erinnerung wurde die Familie damals eher gemieden und war niemandes Freund.

Auf der linken Straßenseite folgten bis zur Ecke Ludwigstraße vier Adressen, die für mich eine Rolle spielten.

Für Bauer Knöß haben meine Mutter und andere Frauen Kartoffel gelesen. Auch wir Kinder. Ich denke, die Erwachsenen haben (pro Tages- oder Nachmittagseinsatz) so um die 6 oder 7 Mark bekommen, wir Kinder natürlich wesentlich weniger (oder gar nichts?). Für mich war das Schönste an der Kartoffellese die Pause, in der es unter einem Baum sitzend Muckefuck aus einer großen Milchkannc und Riesenscheiben Bauernbrot mit Marmelade gab. Faszinierend war auch, wie die Kartoffeln im Knöß-Hof von der Rolle abgeladen wurden. Am Ende des Hofes eine große Scheune, hinter der man sich bis zur Ludwigstraße durchschlagen konnte. Gab es beim Bauer Knöß im Herbst auch die von mir geliebte *Metzelsupp?*

Derjenige Kartoffelacker, an den ich mich am besten erinnern kann, lag jenseits der Bahngleise, Richtung Erfelden. Dort stand links der Landstraße (recht nah an der Bahnschranke) nur ein einziges Wohnhaus, vermutlich auch der Bahn gehörend. Damals schon trist und schmutzig-braun, bereits ziemlich heruntergekommen. Ansonsten weit und breit nur Ackerfläche. Heute befindet sich dort das große Gewerbegebiet, das bis zur neuen B44 reicht.

Zurück zur Bahnstraße. Dreimal Hartung! Das kleine Schuhgeschäft. Bernd, der schmächtige Sohnemann, ging mit mir in eine Klasse. Ein stiller, netter Schulkamerad. Mit Sommersprossen.

Kino und Saalbau Hartung. *Der Koloss von Rhodos*, *Ben Hur* und *Spartacus* stehen für eine endlose Reihe von Sandalen-Filmen, in die wir am Sonntagnach-mittag gegangen sind. Dazu kamen die *Fuzzy*-Filme und Karl-May-Verfilmungen.

Im Kino wurden auch die ersten Verliebtheiten auf die Probe gestellt. Man musste etwas wagen, aber nicht zu viel. Wer nach dem Film mit dem ersten Mädchen, mit dem man „ging", sich noch Händchen haltend auf der Straße sehen lassen durfte, war plötzlich kein Kind mehr. Danke, Sonja! Hinzu kamen im Saalbau die Fastnachtsveranstaltungen, zunächst die Kindermaskenbälle, dann die erste Tanzveranstaltung meines Lebens. Getanzt wurde *Shake*.

Hartung VIII stand über der Eingangstür eines Haushaltswarenladens. Was mich damals verwunderte. Irgendwann gab es in Golle offenbar so viele Hartungs, dass einer damit begann, die eigene Sippschaft zu nummerieren. Bei den Spenglers, Rupps und Schaffners usw. ist mir Vergleichbares nicht begegnet. Bei Hartung VIII, direkt auf der Ecke zur Ludwigstraße gelegen, habe ich Anfang der 1960er Jahre zwei angesichts meines Taschengelds sehr teure Weihnachtsgeschenke für meine Eltern gekauft: einen schweren Zuckerstreuer und einen damals hochmodernen Drehaschenbecher.

Ein paar Schritte weiter fand sich die Gaststätte Rupp. Bevor unsere Familie im Herbst 1955 nach Goddelau gezogen ist, hat mein Vater hier bereits einige Wochen in einem Fremdenzimmer gewohnt. Es liegt die Vermutung nah, dass fast zehn Jahre später auch einige der italienischen Gastarbeiter hier ihre erste Bleibe gefunden haben.

Auf der anderen Straßenseite war die Apotheke (wahrscheinlich die einzige im Dorf), in der für Kinder vor allem die Personenwaage interessant war, die wir ausgiebig nutzten. Direkt gegenüber, auf der anderen Seite der hier abgehenden Büchnerstraße war der Friseurladen von Armin Konrad, der uns Knirpse und dann schon Heranwachsende wie Erwachsene behandelte. Mit oder ohne Hochsitz, Lederriemen zum Schärfen des Rasiermessers, Fassonschnitt statt hochrasiert wie die meisten Bauernbuben. Gerade noch rechtzeitig die erste Halbstarkentolle, dafür als Haarwichse *Brisk* oder eine andere Marke, deren Namen ich vergessen habe. Zu Armin ging ich sehr gern. Mit Blick in den Damensalon konnte man beobachten, wie Kundinnen verstohlen zwei Groschen oder gar eine 50-

Pfennig-Münze als Trinkgeld in den Kittelschürzen der Friseurin, die noch viele viele Jahre Friseuse hieß, verschwinden ließen.

Dann Bäcker Hill, der mit dem Wassereis, leckeren Teilchen und einem Café-Betrieb. Und schließlich am Ende der Bahnhofstraße, dort wo sie auf die Hauptstraße traf – die in den 60ern schon gut befahrene Durchgangsstraße (die alte B44) – war ein neues Bekleidungsgeschäft eröffnet worden. Der Inhaber wohnte in Crumstadt. Sein Sohn hat uns beigebracht, wie wir mit Hilfe einer Haarspraydose und Streichhölzern unsere eigenen Flammenwerfer herstellen konnten.

Die für uns Buben viel wichtigere Örtlichkeit lag jedoch einige Meter vor dem Geschäft. Am Hoftor eines großen Fachwerkhauses. Dort hing der Aushangkasten des TSV Goddelau 1899. Und dort konnte man ab Freitag früh schwarz auf weiß sehen, ob man für das Spiel am Samstag aufgestellt war und auf welcher Position man zum Einsatz kommen sollte.

Am Samstag selbst – wir hatten vormittags noch wenige Stunden Schule – fuhr ich ab mittags mit dem Fahrrad und voller Stolz in Trikot, Hose und Stutzen sowie mit frisch gewichsten Fußballschuhen (und blütenweißen Schnürsenkeln) zum Einkaufen durch Goddelau. Das blaue Trikot mit dem weißen Winkel oder das gelb-rot gestreifte Trikot waren an diesem Tag mein ganzer Stolz, der allen im Dorf gezeigt werden musste.

Im C-II-Trikot des TSV Goddelau 1899 – vom Scheitel bis zur Sohle picobello. Das alte, aufpolierte Rad war in den Farben des C-I-Trikots gelb-rot gestrichen!

Bahnhofsallee 12: Astrid und ich auf dem Weg in den Kindergarten. Unten: Nikolausfeier im Kindergarten.

5 Kindergarten und Schule

Meine Erinnerung an die Kindheit als „schöner Kindheit" hängt auch mit dem Kindergarten und der Schule zusammen. Wahrscheinlich genauer gesagt: Mit Tante Änne sowie Herrn Nösinger und Herrn Reinhardt.

Wir sagten nicht *Frau XY* oder sprachen sie (wie heute in den KiTas fast überall üblich) mit dem Vornamen an, sondern nannten unsere Kindergärtnerin *Tante Änne.* („offiziell" hieß sie wohl *Schwester Änne*). Jede gute und liebe Frau neben der Mutter wurde Tante genannt.

Tante Änne, die die Nachfolge von Tante Margret angetreten hatte, gehörte vermutlich zu einem evangelischen Schwesternorden. Eine Fotografie aus jenen Jahren zeigt sie in einer entsprechenden Tracht: graublaues wadenlanges Kleid, ein Medaillon am Hals, weiße Schürze, weiße Schwesternhaube, wie sie in vielen Krankenhäusern getragen wurde (ich bin ihnen im Darmstädter Elisabethenstift wiederbegegnet).

Ich habe an Tante Änne nur gute Erinnerungen – im Gegensatz zu ihrer Helferin (nicht in Tracht), die bei vielen Kindern eher unbeliebt war. Weil sie schroffer und wahrscheinlich nicht als Kindergärtnerin ausgebildet war? Wahrscheinlich gab es einen simplen Grund: Sie war diejenige, die den von uns ungeliebten Mittagsschlaf beaufsichtigte. Feldbett an Feldbett, graue schwere Decken. Mucksmäuschenstill.

Das Gelände an der Büchnerstraße war großzügig. Ein Baum, auf den man klettern konnte (aber wahrscheinlich nicht durfte), Gras, Sand. Wir waren fast immer draußen. Drinnen wurde viel gebastelt. Ich denke, nicht nur, um uns Bastel-Fertigkeiten beizubringen, sondern auch wegen der fehlenden und zu teuren anderen Spielsachen.

Auch zuhause wurden damals viele Geschenke selbst gebastelt – zum Beispiel meine Eisenbahnanlage und Astrids Puppenküche. Unsere Mutter, die als junges Mädchen Schneiderin gelernt hatte, hat auch lange für uns genäht. Nicht nur Fastnachtskostüme, auch die Alltagskleidung. Hosen, Mäntel, Jacken für uns beide, Kleider für meine Schwester. Das hörte erst auf, als wir das Selbstgenähte aus modischen Gründen nicht mehr tragen wollten – und unsere Eltern sich etwas mehr leisten konnten.

Einmal oder zweimal im Jahr fuhren wir dann nach Darmstadt, um bei *Henschel & Ropertz* einzukaufen.

Darmstadt, der große Bahnhof mit der Miniatureisenbahn und dem großen Lokomotivenmodell. Die sich ewig ziehende Rheinstraße, der Lange Ludwig, der Weiße Turm, der Herrngarten. Aber in den Fünfzigern auch noch zahlreiche Trümmergrundstücke und sehr düstere Hinterhöfe und Souterrainwohnungen (eine Großcousine wohnte in einer solchen). Mich interessierten vor allem *Spielwaren Faix*, wo jede Weihnachten für meine Eisenbahn eingekauft wurde, und ein Schuhgeschäft (*Salamander?*), in dem eine Kinderrutschbahn vom ersten Stock ins Parterre führte.

Nochmals zurück zum Selbstgenähten. Außergewöhnlich schön – und viel bewundert – waren unsere Fastnachtskostüme: Indianer, Cowboy, Chinese, Sterntaler – alle Verkleidungen mit selbstgefertigten Utensilien: Tomahawk, Bärentöter, Zauberstab, Sterntaler-Hut ...

Goddelau war ein Dorf. Es war selbstverständlich: Die Kinder eines Jahrgangs, die im Kindergarten zusammen waren, würden auch die bevorstehenden ersten vier Schuljahre gemeinsam in ein und derselben Klasse verbringen. D.h., wir hatten sieben Jahre Zeit, Freundschaften zu schließen und zu halten. Mindestens. Für mich ist dies ein wesentlicher Grund, sich heute an diese Zeit (genauer: an all die Namen und viele Kleinigkeiten) besser erinnern zu können als an manches spätere Jahr. Selbst wenn diese späteren Jahre zu sehr bedeutsamen Lebensabschnitten wurden.

Auf einem Klassenfoto finden sich 47(!) Kinder. (Ich bin unsicher: Da Herr Nösinger auf dem Foto abgebildet ist, müsste dieses im ersten oder zweiten Schuljahr aufgenommen worden sein; in diesen Jahren hat Herr Nösinger meine Zeugnisse unterschrieben. Andererseits machen wir den Eindruck, schon in der Vierten zu sein.) Eine interessante Empfindung beim Betrachten der Fotografie: Auch diejenigen Mädchen wie Jungen, an deren Namen ich mich nicht sofort oder überhaupt nicht erinnern kann, sind mir beispielsweise mit ihrer Frisur, ihrer Hose oder ihrem Kleid, der Schürze oder Brille, ihren Schuhen, ihrem Lachen oder ihrer Scheu sofort wieder „präsent". Zu diesen erkennbaren Äußerlichkeiten fallen mir wie auf Knopfdruck bestimmte Charakterzüge ein, auch besondere Situationen, die Sprechweise oder bei einigen der Familienhintergrund.

Als Besonderheit kommt in diesen 46 Fällen hinzu (nur eine Handvoll der Kinder sagt mir überhaupt nichts),

Ein besonderer Tag im Kindergarten: Im „Theaterstück"
bin ich einer der Ärzte (re.), dazu Pfleger und Kranken-
schwestern, angeleitet von Tante Änne. Das Publikum
klatscht, die Mütter und Großmütter haben die Kinder im
Auge. Heute wären wohl mehr Männer dabei.

dass ich all diese Gesichter 1965 zum letzten Mal gesehen habe. Ich habe also keine Vorstellung und keinen Hinweis darauf, wie das Mädchen X oder der Junge Y als Teenager oder junges Elternteil, als Handwerker oder Arzt, als Mittvierziger, Finanzbeamtin oder Buchhändlerin, als „Goller Opa" oder Weltenbummlerin ausgesehen hat, hätte aussehen können oder heute aussieht.

Ein schwarzes Loch, 55 Jahre tief. Eine ganze Menge.

Der Weg zum Kindergarten und zur Schule war bis auf die jeweils letzten 100 oder 150 Meter der gleiche. Bahnhofsallee, Friedrichstraße bis zur katholischen Kirche, links ab in die Lessingstraße (mit einer Zahnarztpraxis, die ich wegen des großen Aquariums gern besuchte!), nächste rechts: Kantstraße. An diese habe ich eine undeutliche und eine eindringliche Erinnerung. Gab es im unteren Teil auf der linken Seite ein Geschäft? Auf jeden Fall wohnte auf der rechten Seite eine Frau, der ich – von meiner Mutter beauftragt – an ihrer Haustür ausrichtete, sie solle von meinem Vater die Finger lassen.

Weiter. Nächste Straße links zum Kindergarten in der Büchnerstraße oder gerade aus bis zur Hauptstraße und Volksschule. Dort über den Platz davor, der im Herbst für wenige Tage auch *Kerwe*-Platz wurde.

Unterwegs habe ich auf dem Schulweg meistens Werner Hartung abgeholt. Das führte oft dazu, dass wir uns sehr beeilen mussten. Wenn ich bei Hartungs in die Küche kam, saß Werner noch auf der Eckbank und löffelte seine Haferflocken mit Kakao, trocken(!), ohne Milch. Das Kauen und Schlucken dauerten dementsprechend länger. Notfalls mussten wir flitzen.

Der Schulunterricht hat mir – außer Schönschrift und Basteln – Spaß gemacht. Rechnen, Schreiben und Lesen, Sport (Leibeserziehung!), Heimatkunde.

In bester Erinnerung habe ich Herrn Reinhardt (war er auch Schulleiter?), ein schon älterer Herr, immer im Anzug. Dazu Herr Nösinger. Beide waren Lehrer, wie man sie sich als Kind nur wünschen konnte.

In der 3. Klasse war Herr Eckstein, der in Crumstadt wohnte und angeblich immer die Dritte unterrichtete, unser Lehrer. Heute weiß ich: ein kranker und überforderter Mann. Er schickte Schüler zum Spalt-Tabletten holen, hatte auch mal eine Bierflasche auf seinem Tisch stehen und einen schlechten Ruf, auf seine Weise einsam und cholerisch. Körperliche Züchtigung war – wie daheim – kein Tabu. Andererseits: Er schrieb Diktate vorher an die Tafel, es gab trotzdem Fünfen.

Mein Zeugnis in der Vierten hat Herr Mistereck unterschrieben, ein eher junger Lehrer. Ein wirkliches Bild habe ich nicht von ihm, doch er war streng. In Erinnerung ist mir, wie Herr Mistereck seinen dicken Schlüsselbund quer über den Schulhof in eine Gruppe älterer Schüler (8. Klasse) warf, weil diese in der Pause unerlaubt auf der Treppe zum hinteren Schuleingang herumlungerten (oder sich sogar prügelten).

Nur ein Zufall? Waren in diesen Jahren die jüngeren Lehrer strenger als die älteren? Auch eine Klassenlehrerin meiner Schwester Astrid, Frau Drescher, galt als streng. Und wenn es bei mir in den ersten Gymnasialklassen in Gernsheim eine Ohrfeige gesetzt hat, dann kam sie von unserer Biologielehrerin Heller, nicht von den wesentlich älteren Damen, bei denen ich Deutsch und Englisch hatte.

Zurück zum angenehmen Schulalltag. In der großen Pause kam Frau Reinheimer mit ihrem Karren und verkaufte Milch und Kakao in den unvergessenen an Pyramiden erinnernden Tüten. Bezahlt wurde durch das Abknipsen oder Abreißen vom „Milchkärtchen",

Auf dem Weg in die Schule: zusammen mit Ingrid Horst und das „Milchkärtchen" in der Hand. Auf dem Klassenfoto mit Herrn Nösinger erkenne ich (Mitte erste Reihe, im hellen Pulli, genannt „Ali") u.a. Otto Schäfer, Gerd Wenner, Willi Schrader, Gerhard Röder, Gerhard Eger, Werner Hartung, Bernd(?) Rupp, Dieter Kneissl, Norbert Gruber, Horst Brück, Klaus Hammel, Gerhard Hartung, Werner Haas, Bernd Hartung. Mitschülerinnen: Esther Veith, Doris Kraft und Ingrid Horst.

das eine Wochen- oder Zehnerkarte gewesen sein dürfte. Ob es auch etwas zu essen gab, weiß ich nicht mehr. Wir hatten ja fast alle unser zuhause geschmiertes Pausenbrot dabei. Brötchen oder Mürbes wäre wohl auch für die meisten Schüler und Schülerinnen zu teuer gewesen. Ich weiß andererseits nicht, ob damals Mitschüler gänzlich ohne Verpflegung in die Schule kamen und Kohldampf schieben mussten.

Das Schulgebäude war neu und für damalige Verhältnisse modern. Der langgezogene Bau, im Nebentrakt waren die Toiletten untergebracht, war erst Anfang der fünfziger Jahre gebaut worden. Der rückwärtige Schulhof bot viel Platz.

Die Kindergartenzeit und die Volksschule sind für mich heute – sechzig Jahre danach – auch die Jahre, in denen in Hessen, auf jeden Fall in Südhessen, und ganz besonders im Ried sozialdemokratische Politik das Geschehen bestimmte. Am Wirtschaftswunder auch die kleinen Leute teilhaben zu lassen und das Wirtschaftswunder auch in der Sozial- und Bildungspolitik zum Tragen zu bringen – diese Ziele und Taten waren eindeutig mit der Sozialdemokratie verbunden.

Die neue Turnhalle (Mehrzweckhalle) in Goddelau ist für mich ein Symbol dieser Zeit, mit der ich neben dem Schulsport und Turnverein auch andere schöne Erlebnisse verbinde. Zum Beispiel den *Frankfurter Wecker*, eine in Hessen sehr beliebte Radiosendung am frühen Morgen (6:30 Uhr bis 8 Uhr). Eine Live-Sendung aus dem Frankfurter Funkhaus, die in den Sommermonaten auf Tournee ging – und in den besagten neuen Mehrzweckhallen (oder Dorfgemeinschaftshäusern oder Volksheimen) stattfand. Willy Berking als (dicker) Orchesterchef, Peter Frankenfeld, Otto Höpfner, Heinz Schenk als Conferencier, ein oder zwei bekannte (oder gerade entdeckte) Schlagerstars und -sternchen, Witze, Quizfragen. War Reno Nonsens auch schon dabei? Gute Laune, die die Identifizierung mit dem Hessenland förderte.

Als der *Frankfurter Wecker* in Goddelau gastierte, war die Halle voller Goller Bürger, die meisten waren im Sonntagsstaat gekommen. Auch viele Kinder waren da. Der Schulbeginn war ausnahmsweise um eine Stunde verlegt worden.

Noch ein Wort zum Hessenland. Im Schulunterricht – woher sonst sollte ich es haben – muss direkt oder indirekt Heimatkunde so gelehrt worden sein, dass Hessen sich für mich auf Südhessen beschränkte. Und dieses Südhessen wurde gern auch Starkenburg genannt und umfasste Ried, Rodgau, Odenwald und Bergstraße. *Dieses* Hessen reichte bis zum Main, also Frankfurt. Dahinter kam noch die Wetterau – „die Kornkammer Hessens", wie wir in der Schule lernten. Von dort kam auch das Selters, das tatsächlich *Selzerwasser* hieß und jede Woche oder alle vierzehn Tage von einem Lkw herunter verkauft wurde. Nassau, Oberhessen oder gar Nord- und Osthessen („Zonenrandgebiet"!) gehörten für mich nicht zu *meinem* Hessenland.

Das Wirtschaftswunder, in Hessen gerade das à la SPD, barg auch seine Schattenseiten. Manches wurde zehn oder zwanzig Jahre später sichtbar ... und kritisiert. Schon in der zweiten Hälfte der sechziger Jahre und in den 70ern hat der unkritische Fortschrittsglaube und Modernisierungswahn das Seine dazu beigetragen, dass – und das ist für mich ein markantes, bis heute sichtbares Beispiel – die Ortsmitte(n) plattgemacht wurde(n). Überall. Die damals neu in Beton gegossenen Ortsmitten nahm diesen die ortstypische Besonderheit, das Unverwechselbare. Wie in größeren Städten die Fußgängerzone so in kleineren Gemeinden die Ortszentren. Uniformität, 08/15, angereichert durch ein bisschen Schnickschnack. Sparkasse und Volksbank, neues Rathaus, eine Ladenzeile oder Passage, große Kreuzungen, eine bald vernachlässigte Grün- oder Ruhefläche, ein schnell aus den Nähten platzender Parkplatz. Würden in den Dörfern nicht immer noch die alten evangelischen Kirchen (in anderen Regionen: die katholischen) stehen, wäre die Dorfmitte, der Ortskern, überall gänzlich aus dem Orts- und Stadtbild verschwunden.

Blick vom Befehlstellwerk auf Bahnhof und Bahnsteige. Im Hintergrund (li.) die beiden Wassertürme und das im Text erwähnte „Wohnhaus mit den Gänsen".

6 Kerb, Kirche und Konsum

Die *Goller Kerb*, die vermutlich wie alle anderen im September/Oktober stattfand, war auch für uns Kinder ein kurzes, aber lang erwartetes Ereignis.

Angekündigt wurde die Kerb durch den in unseren Augen riesigen, mit einem Kranz und bunten Bändern geschmückten Kerwebaum. In meiner Erinnerung stand er gegenüber dem Kinoeingang. Immer? Oder wechselte der Standort von Jahr zu Jahr?

Viele Straßen und Häuser waren mit Fahnen, Papiergirlanden und Birkenzweigen geschmückt. Es gab einen unspektakulären Kerweumzug. Mir fehlt aber die Erinnerung an vielleicht 16- oder 18jährige Mädchen in weißen Kleidern („die Jungfrauen"), wie sie an Kerweumzügen im Odenwald teilnahmen. Demgegenüber erinnere ich mich sehr gut an meinen Wunsch, irgendwann später auch ein *Kerweborsch* zu sein. Ich wollte einmal zu dieser Gruppe junger Burschen gehören, zu der immer auch ein älterer *Kerwevadder* zählte.

Die Kerb selbst, die an der Hauptstraße, auf dem Platz vor der Volksschule stattfand, war für die Kinder ein einmaliger faszinierender großer Rummel. In Wahrheit war sie klein. Eine Schießbude, ein Karussell, eine Losbude, eine Schiffschaukel(?). Süßigkeiten, Bratwurst, ein paar Biertische. Das knappe Kerwegeld musste gut eingeteilt werden, wurde jedoch mit Eifer ausgegeben. Ein richtiges Bierzelt habe ich nicht vor Augen – stand es an einem anderen Ort? Um 18 Uhr musste ich als Elf oder Zwölfjähriger zuhause sein. Die ersten Kämpfe mit den Eltern – um Minuten.

Die evangelische Kirche gehörte zur Ortsmitte und prägte das Bild an der Kreuzung der Hauptverkehrsstraßen nach Wolfskehlen, Erfelden, Stockstadt und zum Spital bzw. nach Crumstadt. Die Kirche wurde nicht nur als altes Gebäude wahrgenommen, sondern spielte eben auch als „Haus Gottes", als Ort des Gottesdienstes eine gewichtige Rolle im Leben des Dorfes und vieler Familien. Auch in unserer. Obwohl nur unsere Mutter aus einer streng protestantischen, bäuerlichen Familie in Seckmauern (Odenwald) stammte und regelmäßig in die Kirche ging. Mein Vater war ungläubig, traute dem Braten nicht, hatte sein festes Urteil über die Kirchenmänner. Astrid und ich gingen in den Kindergottesdienst sowie an Weihnachten in die Kirche – auf die Empore.

Astrid am Bienenhaus. Ein Klassenfoto: Astrid ist das zweite Mädchen links neben der Lehrerin (Name unbekannt), zwischen Dagmar Görisch und Traudel Müller, rechts neben der Lehrerin Betty (Nachname leider vergessen) und Hella Horst.

Zur Kirche gehörte das Pfarrhaus bzw. das Gemeindehaus, in dem meine Freunde und ich als *Jungschar*-
Mitglieder oft den Nachmittag verbracht haben. Ob es
immer an einem bestimmten Wochentag war oder nur
bei schlechtem Wetter oder überwiegend in der dunklen
Jahreszeit, weiß ich nicht mehr. Auf jeden Fall gab es
dort Brettspiele, Bücher und vor allem eine
Tischtennisplatte (Tischtennis habe ich manchmal auch
im Hof von Weickers in der Büchnerstraße gespielt). Am
Gemeindehaus wurde auch der mit Feldfrüchten (und
Obst und Blumen) gefüllte Handwagen für das
Erntedankfest zusammengestellt bzw. geparkt.

Wie im Fall des Kindergartens (Tante Änne) ist mir im
Fall der Kirche der Pfarrer in sehr guter Erinnerung –
seinen Namen habe ich jedoch leider völlig vergessen.
Demgegenüber ist mir der damalige (jüngere) Diakon
nur als derjenige in Erinnerung geblieben, der mit einem
Stück Kreide nach mir geworfen und mich im Auge
getroffen hat. Was sehr schmerzhaft war. Ich (oder wir)
war(en) wohl „ungezogen" gewesen.

Erst viel später habe ich verstanden, wie stark der
Protestantismus meine Kindheit und bis heute manche
Überzeugung geprägt hat. Und dies, obwohl ich nie

„Protestantismus" gebimst habe oder dazu mit Nachdruck angehalten worden wäre.

Martin Luther und der Schwedenkönig Gustav Adolf waren (ohne dass ich wirklich begriffen hätte warum) positive Identifikationsfiguren. Zur nahen Schwedensäule wurde gewandert. Zu den beiden berühmten Protestanten aus dem 16. Jahrhundert (von Martin Niemöller oder Dietrich Bonhoeffer wussten wir nichts) kam Albert Schweitzer als noch lebender Zeitgenosse hinzu. Das Sammeln von Spenden für Bethel und Lambarene war für mich selbstverständliches gutes Tun.

Das Schisma der Kirche war zu dieser Zeit viel präsenter als heute. Ich erinnere mich an katholische Freunde, die uns Evangelischen (keineswegs boshaft, aber sehr überzeugt) vorwarfen: „Euer Luther ist *daran* schuld." Basta! Das erschrak mich.

Mich verblüfften dagegen bestimmte Gebräuche und Rituale. Zum Beispiel, dass zu Fronleichnam Blumen auf Trottoirs ausgelegt wurden (auch in der Bahnhofsallee, vor der Hausnummer 14) und ein Umzug mit Baldachin, Kreuz, Weihrauch stattfand. Papsttum und Beichtstuhl kannten wir Evangelischen nicht. Prunk und Reichtum der Katholischen Kirche waren das Gegenteil zu Einfachheit und Arbeitsethos, wie sie für den (von uns möglichst auch gelebten) Protestantismus charakteristisch waren. So wurden wir erzogen, so sahen wir es.

Gleichzeitig konnte man sich als Kind die bauliche Modernität der meisten katholischen Kirchen in der Gegend nicht erklären. Dass ein anderer Baustil und andere Baumaterialien deren Bild prägten, weil diese Kirchen meist erst im 20. Jahrhundert, viele gar erst nach dem Zweiten Weltkrieg, mit der Ansiedlung vieler Flüchtlinge und Vertriebenen, gebaut worden waren, wussten wir nicht. Als Kind kam ich jeden Tag mindestens zwei Mal an der katholischen Kirche vorbei – betreten habe ich sie niemals.

Dagegen hat mich ein Vorfall in unserer Kirche, der evangelischen, bereits damals sehr beschäftigt. Es muss etwa 1964 gewesen sein, als während des Gottesdienstes ein Mann (offenkundig ein so genannter Gastarbeiter) die Kirche betrat, auf halbem Weg im Mittelgang plötzlich stehen blieb, niederkniete und sich bekreuzigte. Ein Katholik! Ich erinnere mich nicht, wie Erwachsene nach dem Gottesdienst darüber sprachen. Wurde es als Skandal bewertet? Für mich bleibt der sich in der Kirche irrende Gottesdienstbesucher ein unvergessliches Beispiel sehr persönlichen, einfachen Glaubens.

Zur Ortsmitte zählten vor sechzig Jahren noch drei weitere Adressen, mit denen mich viel verbunden hat. Der *Konsum* (heute ein Eis-Café) gehört dazu. Da ich bereits als Kind in der Familie für die meisten Einkäufe verantwortlich war, kam ich regelmäßig in diesen Laden mit seiner langen und einer kurzen Theke. Selbstbedienung gab es noch nicht, aber eine Kühltruhe. An diese erinnere ich mich deshalb besonders gut, weil ich zu Weihnachten 1961 für unsere Familie eine ganze Pute (für 13 Mark) bestellt hatte. Und dann hatte ich vergessen, diesen bereits bezahlten teuren Weihnachtsbraten abzuholen. Wenige Minuten nach Ladenschluss, an einem Samstag kurz nach 13 Uhr raste ich mit dem Fahrrad zum *Konsum*, wo mir zum Glück hinten herum das eiskalte, weil tiefgefrorene Geflügel übergeben wurde.

Die Sparkasse, die auch damals in einem neuen Gebäude untergebracht war, ist mir bis heute wegen fünf Sammelalben präsent. Diese stehen als Raritäten immer noch in meinem Bücherregal.

Wenn ich richtig liege, wurde für jede auf das Sparbuch eingezahlte Mark ein Bildchen ausgegeben. Wahrscheinlicher ist jedoch diese Variante: Es muss wohl eher jeweils ein Päckchen mit mehreren Klebebildern gewesen sein, das dem fleißig sparenden Kind geschenkt wurde – denn Hunderte von Mark hatte ich damals bestimmt nicht gespart! Es könnte aber auch sein, dass man am Weltspartag so viele Bildchen bekam, wie man zu diesem Zeitpunkt DM auf dem Konto hatte. Einerlei.

Die Alben, die ich eifrig mit Bildern gefüllt und mit großem Interesse gelesen habe, waren diesen Themen gewidmet: Wilde Tiere fremder Länder; Fremde Welt in ferner Wildnis (hauptsächlich: Indianer); Die Völker der Erde; Deutsche Geschichte I und II.

Diese von der Kreissparkasse Groß-Gerau ausgegebenen Alben erschienen im Herba-Verlag, Plochingen. Meine Auflagen stammen aus den Jahren 1959-1964. Sie sind bis heute von Interesse, weil sie zweierlei dokumentieren: Um 1960 herum war die Rassentheorie durchaus gängig, ja wie selbstverständlich verbreitet bis in Kinderalben und Schulbücher hinein. Wobei, das legen die Porträtzeichnungen und Beschreibungen nah, sich nicht nur der Herero vom Finnen oder der Schweizer eindeutig vom Chinesen unterschied, sondern in ihrer Physiognomie auch der Friese vom Schwaben oder der Thüringer vom Pfälzer.

Zweitens wurden im Album Deutsche Geschichte II die für unser Land einschneidenden zwölf Jahre Faschismus nicht behandelt, sondern nur kurz erwähnt, aber in knappen Worten *so* bewertet: „Damit begann die Herrschaft des Nationalsozialismus, die so hoffnungsvoll anfing und so grauenhaft endete."

Über die Jahre 1933-45 in Goddelau haben wir nichts erfahren, weder in der Schule noch durch sonstige lokale Institutionen. Die erfolgreiche Suche nach Eichmann und die Auschwitz-Prozesse verfolgte ich in der Zeitung und in Illustrierten. Das vor der Haustür liegende *Spital* und die dort misshandelten und später umgebrachten Menschen waren ein Tabuthema.

Es gab meines Wissens beispielsweise auch keinen Hinweis darauf, welcher Nazi-Scherge im Ort „in Amt und Würden" gewesen oder sogar wieder war. Wer hatte Widerstand geleistet? In welchem Haus hatte eine drangsalierte, geflüchtete oder ins KZ deportierte jüdische Familie gelebt? Auch in Goddelau lag ein großes Schweigen über der Zeit, die gerade einmal anderthalb Jahrzehnte zurücklag.

Ich glaube nicht, dass ich damals bereits ein Buch über die jüngste deutsche Geschichte gelesen habe. Und damit bin ich beim vierten Gebäude in der Goller Ortsmitte, das mir wichtig gewesen war: der Bürgermeisterei. Genauer gesagt: der dort im Souterrain untergebrachten Bücherei. Dort war ich Stammkunde. Meinen Leseausweis habe ich leider nicht mehr, die Erinnerung an die Regale voller Bücher und die in diese eingeklebten „Ausleihchroniken" ist mir geblieben. Ich kam wohl wöchentlich oder alle 14 Tage dort vorbei, um mir immer zwei oder drei Bücher auszuleihen. Ich bin heute noch dankbar, dass meine Eltern (insbesondere mein Vater, der selbst viel las und Romane über einen Buchclub bezog) diese Leselust unterstützten. Es gab bis Anfang der 60er Jahre in unseren Kreisen, unter den kleinen Leuten, wenige, die Bücher lasen. Sieht man ab vom ersten Kochbuch der Jungverheirateten, einem Gesundheitsbuch sowie einem Ratgeber für die Ehe, insbesondere für *Die moderne Frau in der Ehe*. Ein Bücherregal gehörte in der großen Mehrheit nicht zur Standardeinrichtung.

Ein Letztes zum Thema Bücher. Der heute bekannteste Denker und Schreiber aus Goddelau, Georg Büchner, hat vor sechzig Jahren nicht existiert – nicht als Autor im Lesebuch der Volksschule, nicht als Revolutionär auf irgendeiner Gedenktafel.

Wenn mich meine Sinne nicht trügen, hatte ich in meiner Kindheit eine einzige Begegnung mit Georg

Büchner: Wir hatten wohl einen Wandertag und gingen mit der Klasse ins Schwimmbad. Auf dem Weg dorthin kamen wir durch die Weidstraße. Vor einem uralten Fachwerkhaus blieben wir stehen. Uns wurde (von wem?) erklärt, hier sei Georg Büchner geboren, „ein Heimatdichter". Da mich Letzteres ganz und gar nicht interessierte, blieb mir Büchner unbekannt. Ich musste zehn Jahre warten, um mit Büchner auf einer Theaterbühne bekannt zu werden. Und erst in den Siebzigern erfuhr ich durch einen großes Aufsehen erregenden Zeitungsartikel des DDR-Schriftstellers Erik Neutsch genauer, wie nachlässig Georg Büchners Wirken und Werk in seinem Geburtsort bis dahin behandelt wurde.

7 Schwimmbad, Sportplatz, Spital

Ein Zufall: Ich hatte an dem Tag Geburtstag, an dem normalerweise jedes Jahr das Schwimmbad geöffnet wurde. Und folglich bekam ich ab 1958 (in diesem Jahr wurde es eingeweiht) zu jedem Geburtstag auf jeden Fall dieses Geschenk: eine Dauerkarte. Diese kostete 4,00 Mark, für die Einzelkarte musste man wahrscheinlich 20 Pfennige bezahlen.

Der Schwimmbadbesuch (auch zum Schulsport) war für mich – wie Sport und Spiel am Bahnhof – ein selbstverständliches Vergnügen. Wenn die Hausaufgaben erledigt waren und Schwimmbadwetter herrschte, ging es (meist zu Fuß) Richtung Schwimmbad. Kein kurzer Weg – vom einen bis zum anderen Ende des Dorfes, damals.

Kolder, Handtuch, ein Brot, eine Limo … die fette *Nivea* nicht zu vergessen. Wir machten uns meistens zu mehreren auf den Weg. Im Schwimmbad trafen wir weitere Freunde, Klassenkameraden, Jungs vom Fußball … Am Ende, mit dreizehn oder vierzehn Jahren lag der eine oder andere von uns auch mal auf der Decke eines Mädchens, oder man rückte die Decken zusammen. Die ersten Anbändeleien und Eifersüchteleien. Die ersten Berührungen oder gar den ersten Kuss versuchte man besser im Becken zu ergattern. Beim Turteln am Beckenrand, unter Wasser, beim Auftauchen nach dem Sprung vom Dreier.

Je älter wir wurden, desto weiter am Rand lag unsere Gruppe. Fast am Zaun, im Schatten der Pappeln. Gestört nur von deren Sommerwolle und vor allem von unzähligen Bremsen.

An Örtlichkeiten wie die *Weed* oder die Dreschhallen habe ich eher undeutliche Erinnerungen (die Worte klingen in mir nach, stoßen Töne an, Bilder habe ich keine im Kopf). Um so genauer erinnere ich mich an den in den ersten 60er Jahren hergerichteten und eröffneten Volkspark. Ein eher kleines Areal, „angelegte und gepflegte Natur", für diese Zeit ein – so würde man wohl heute sagen – Goller Zukunftsprojekt. Ich habe das kleine Karussell und vor allem den Drehpilz vor Augen. Die Grünanlage mit Spielplatz (wohl der erste im Dorf!) war etwas Besonderes und wurde sogar Ziel von Sonntagsspaziergängen!

Der auf der anderen Seite direkt am Schwimmbad gelegene (alte) Sportplatz war für mich zum Schulsport

Unsere Mutter mit Ralf im Sommer 1962. Astrid
und ich im Sonntagsstaat am neuen Volkspark.

(Leichtathletik, Fußball) und vor allem als C-Jugendlicher des TSV Goddelau 1899 mein Spielplatz. Ansonsten lagen der Bahnhof und das Viereck näher.

Ein Hartplatz, der teilweise ein echter Schlackeplatz war und immer wieder brennende Schürfwunden hinterließ. Das Tor am Scheidgraben war *unser* Tor. Auf der gegenüberliegenden Seite, am anderen Ende des Sportplatzes, ein Bauernhof mit einem großen Scheunentor. Zum Schwimmbad hin gab es noch ein kleineres Spielfeld, auf dem ich – wie später nirgendwo mehr – die Faustballer bestaunt und bewundert habe (Handballspiele verbinde ich nicht mit Goddelau, vielmehr mit Erfelden und Crumstadt).

Auf der Seite hin zur Landstraße nach Wolfskehlen gab es eine Sprunggrube. Ich war ein sehr guter Leichtathlet (50m-Lauf und Weitsprung, bei Bundesjugendspielen schwächer mit dem Schlagball). Ich habe noch ziemlich exakte Zeiten und Weiten im Kopf – 8,3 sek, 7,9 sek, 3,80 m, 4,25 m – kann diese aber nicht mehr einem bestimmten Alter zuordnen. Unvergessen die Wettkämpfe mit meinem Klassenkameraden Werner Haas, meinem ärgsten Konkurrenten in diesen Disziplinen. Werner ist schon im Grundschulalter verstorben. Unbegreiflich. Ein Schock.

Die drei Geschwister: im Hof der Bahnhofsallee 12 und im
Volkspark – Astrid und ich direkt aus dem Schwimmbad.

Nicht nur zum Training und zu den eigenen Spielen, sondern natürlich auch zu den Spielen der Ersten (und manchmal auch am Sonntagmorgen zu denen der A-Jugend) trafen wir uns am Sportplatz.

Wunderle, Schaffner, Rupp, Lippert ... sind Namen von Goller Fußball-Legenden, an die ich mich erinnere. Auch an Fritz Habermehl, der die Senioren und auch unsere Schülermannschaft trainierte. Ein Spieler-trainer, von Darmstadt 98 zum TSV gekommen, der immer beeindruckend braungebrannt daherkam.

Von den bewunderten A-Jugendspielern (und aus der B-Jugend) sind mir die Grubers, Bernd Metzger, die Eisenstecken-Brüder, Rainer Herchenröder, Wolfgang Brzezicki und Günther Aschenbrenner in Erinnerung.

Unvergessen auch dies: in der „Garage" des Sportheims der heiße Tee im Winter und der Kalkstaub im Sommer. Hier wurden Bälle, der Abstreukarren, Tornetze usw. aufbewahrt. Richtige Umkleidekabinen hat es wahr-scheinlich auch gegeben, ist mir aber nicht bewusst. Zumal wir Kinder zu unseren Spielen immer in voller Montur zum Sportplatz kamen, und so, also ungewaschen wieder nach Hause gingen.

Auf jeden Fall gab es in der Gastwirtschaft des Vereinsheims eine Musicbox, auf der ich – für eine Saison – vor jedem Heimspiel der Ersten Roy Orbisons

Pretty Woman gedrückt habe. Für 20 Pfennig. Die restlichen drei Groschen meines Sonntagsgeldes habe ich dort einen Winter lang in Erdnussflips investiert. Später wurden sie vor den Spielen vom *Kicker* in der Gaststätte Sturm „geschluckt".

Aus unserer Mannschaft – C I und C II (eine D-Jugend oder gar E-Jugend gab es nicht) – sind mir Gerhard Röder, Willi Schrader, Horst Brück, Klaus Wollemin und Gerhard Hartung (ich glaube, er war Mittelläufer und unser bester Spieler) in guter Erinnerung. Ob ich mit etwas älteren Kickern wie Harald Weicker oder Wolfgang Held jemals in einer Mannschaft gespielt habe, weiß ich nicht. Sie sind mir jedoch als Jugendfußballer gegenwärtig. Ob meine besten Freunde aus dem Viereck überhaupt beim TSV Fußball gespielt haben, weiß ich leider nicht mehr – Klaus vielleicht, Werner eher nicht.

Ich hoffe, ich liege nicht falsch: Unser Jugendleiter war Guido Stapp. Ein sehr freundlicher und hilfsbereiter Mann, der selbst einmal Spieler gewesen war. Er wohnte nach meiner Erinnerung in der Lessingstraße, ziemlich am Ende Richtung Bahnhofstraße. Er hatte aufrichtig bedauert, dass ich – nachdem ich in Goddelau das Fußballspielen gelernt hätte, so seine Worte – nun nach

Erbach umziehen würde, um dort zu zeigen was ich kann. Das machte mich stolz.

Zum Fußball gehörten nicht nur die Spiele am Scheidgraben, sondern natürlich auch die Auswärtsspiele. Da es wenige Autos und unter den Eltern wenige Autobesitzer gab, fuhren wir zu den meisten Spielen mit dem Fahrrad, oft bei Gegenwind. Eine Zeitung unter dem Trikot, *Heftchen* als Schienbeinschoner. (Die anstrengendste Tour war die zu einem Pokalspiel nach St. Stephan; am Ende fuhren wir ausschließlich über sehr sandige Feldwege zwischen den Spargelfeldern. Das Spiel ging verloren, kein Wunder!). Sehr selten, zum Beispiel nach Groß-Gerau, vielleicht auch nach Gernsheim, fuhren wir mit dem Zug. An Autofahrten, die es bestimmt auch gab, erinnere ich mich nicht. Welche Eltern hatten ein Auto? Hat uns unser Jugendleiter manchmal gefahren?

Zum Scheidgraben gehört außer dem Fußball auch die Erinnerung an zwei sehr kalte Winter. Auf dem dick zugefrorenen Bach wurde Eishockey gespielt, mit dicken, von uns selbst zurecht geschnitzten Prügeln oder umgedrehten Spazierstöcken als Schläger und einer Blechdose als Puck. Nur wenige Jungs hatten

Schlittschuhe, nur einer einen richtigen Eishockey-schläger. Lädiert waren nach den Spielen am ehesten die Hände und Arme, weniger Kopf oder Schienbeine. Die einheimischen Bauernbuben waren uns Zuge-zogenen bei diesem Gehacke immer voraus.

Mit dem Scheidgraben verbinde ich auch den Landgraben und den Schwarzbach, die schon relativ früh kanalisiert wurden. Vom ursprünglichen Bachlauf war wenig zu sehen. Dorthin und in das „Wäldchen", das uns kleinen Kindern verwunschen und gefährlich erschien, kamen wir *Kinder aus dem Viereck* selten. Der Hin- und Rückweg war einige Kilometer lang. Unterwegs, auf den Äckern trieben wir uns später aber öfter rum – zum Äpfel klauen. Der Feldschütz war unser natürlicher Feind.

Das galt auch für die Wolfskehler jenseits des Scheid-grabens. Hier wurden im Gebüsch Budchen gebaut, Apfelwein getrunken, zuhause geklaute Zigaretten geraucht und die Schlachten gegen die Banden aus dem Nachbardorf vorbereitet.

Nochmals ein paar Worte zum Spital. Das Philipps-hospital war nicht nur ein befremdlicher, Kindern sogar Angst einflößender Ort, sondern in schneereichen

Wintern auch ein Ziel, das wir mit unseren Schlitten ansteuerten. Im durchweg flachen Ried waren Schlittenbahnen selten, sieht man vom für uns fernen Rheindamm ab. Im Spital gab es jedoch irgendwo rechts der Durchgangsstraße ein Gelände, auf dem ein (ehemaliger) Versorgungs- oder Kohlekeller, vielleicht sogar ein Bunker untergebracht war. Vielleicht war es aber nur ein binnen zehn Jahren überwucherter Trümmerberg. Doch wahrscheinlich – das ist das Naheliegendste – war es einfach ein Erdhügel. Fünf Meter oder nur wenig mehr hoch. Im Winter wurde diese Erhöhung zu unserer *Todesbahn*, die wir wagemutig hinunterschossen. Selbst bei richtigem Winterwetter war die Bahn schnell schmutzig, Schnee und Erde vermischten sich. Aber es war unsere Todesbahn.

Neben „den Verrückten" und der Todesbahn verbinde ich mit dem Spital noch Dreierlei: Hier lebte in einem der ersten Wohnhäuser auf der linken Seite meine erste Freundin Sonja (Händchen halten!) mit ihrer ver- mutlich alleinerziehenden Mutter, die in der Klinik beschäftigt war. (Auf der anderen Straßenseite war Astrids Freundin Betty zuhause.) Zweitens sammelten wir entlang der Landstraße zwischen Goddelau und Philippshospital im Herbst Unmengen Kastanien, aus denen, gut poliert, Figuren und Ketten gebastelt wurden. Und drittens: Schon einige Monate vorher, im Frühsommer, zogen wir los und sammelten auf einer Wiese rechts der Straße sackweise Sauerampfer.

Sonntagsvergnügen: Fahrradausflug zur A 67 bei Pfungstadt.

8 Splitter zum Ausklang

Die in diesem Buch skizzenhaft beschriebenen zehn Jahre – in denen ich als Vierjähriger nach Goddelau kam und als 14jähriger wieder wegzog – gehören sicherlich zu den intensivsten und nachhaltigsten Jahren meines gesamten Lebens. Vom schnell wachsenden und Mensch werdenden Kindergartenkind bis zum pubertierenden, das Erwachsenendasein schon vor Augen habenden Teenager. Was hat man in diesen Jahren erlebt, gelernt, erfahren. Mit dieser Zeit und mit diesem Lebenszeitraum sind in ihrer Bedeutung, Intensität, Wechselhaftigkeit und Fülle vielleicht nur noch die Jahre vergleichbar, die ihr unmittelbar folgen: Die zehn oder zwölf oder fünfzehn Jahre auf dem Weg vom Teenager und „Rotzlöffel" hin zum Dasein als erwachsener Familiengründer oder Immer-noch-Suchenden.

In dieser Besonderheit dürfte auch begründet sein, dass ich (mit zunehmendem Alter und manches erst im hohen Alter) bestimmte Örtlichkeiten, Personen, Vorfälle immer besser erinnere. Besser als die Namen von jüngsten Bekanntschaften und vielleicht kürzlich heftig mit Freunden diskutierten Themen.

Wie bereits eingangs geschrieben: Ich denke sehr gern an meine Goller Kindheit zurück. Es ist ein Puzzle, dem viele Teile fehlen oder bei dessen Zusammensetzen ich manches Puzzleteil falsch eingebaut habe. Aber es ist *meine* Kindheit, wie sie in *meiner* Erinnerung gewesen ist und wie sie sich im Zusammenspiel von Gewesen-Sein, Erinnern und *meinen* Erinnerungsschritten sich als alte und neue Erinnerungen weiter auf dem Boden *meines* Lebensflusses absetzt.

Ich habe manches ausgespart – vieles, um den Leser oder die Leserin nicht mit noch mehr Einzelheiten zu langweilen, manches, um späte Verletzungen zu vermeiden. Die meisten Aussparungen sind jedoch ganz einfach zu begründen: Ich habe diese Einzelheiten vergessen oder verdrängt. Einiges ist bestimmt tief vergraben, manches fällt mir möglicherweise in den nächsten Monaten oder Jahren wieder ein.

Zum Schluss also noch einige Erinnerungsfetzen, die andeuten, was hier noch alles hätte beschrieben werden können – wenn ich's heute, also jetzt, noch genau, im Detail und umfassender erinnern würde.

Im Hof der Bahnhofsallee 12: Herbert Richter, Astrid und ich.

Wobei andererseits auch gesagt werden muss, dass mir jetzt in diesem Moment, beim Schreiben der letzten Zeilen dieses Buches wieder andere Einzelheiten, Geschehnisse, Örtlichkeiten und Namen einfallen. Die müssten doch eigentlich ... Sei's drum. Schluss ist Schluss.

Einige Erinnerungsfetzen im Schnelldurchgang.

Fangen wir beim Auslöser für dieses Erinnerungsbuch an, beim Straßen- und Ortsbild, wie ich es mit dem Rennrad buchstäblich erfahre und wie es für mich vor sechzig Jahren gewesen ist.

An der Straße nach Stockstadt gab es ab der Ortsmitte bzw. ab dem Schulgebäude kein Geschäft. Ausnahme sind der Milchladen Reinheimer (geschlagene Sahne!, 51 Pfennig oder 54 Pfennig die drei Schoppen Milch) und die schon erwähnte Heißmangel. Aber: Bürgermeister Bär, an den ich mich aus unerfindlichen Gründen gut erinnere, wohnte an dieser Straße. Und in der Nähe, auf der Ecke zur Friedrichstraße, wohnte auch Dagmar Görisch (ihr Vater war Polizist), Astrids beste Freundin. Anders die Straße nach Erfelden (die Bahnstraße), die ich bereits als Einkaufsmeile beschrieben habe, und auch die Straße nach Wolfskehlen, die Hauptstraße. Stadian Metzger ist mir allein schon wegen des merkwürdigen Namens in Erinnerung geblieben, auf der gleichen Straßenseite, an der Ecke zur Hintergasse, ein alteingesessener Laden, der vor allem ein Gemüseladen war (mit Wursttheke). Rupp? Eine Verkäuferin, die immer fragte: „Darf's ein bisschen mehr sein?" Die Frage wurde bei uns zuhause ein geflügeltes Wort. Gegenüber die Bäckerei Wenner und die Metzgerei Schäfer, beide bereits erwähnt als Zuhause von Klassenkameraden. Weiter Richtung Sportplatz die Gastwirtschaft Sturm.

Während wir gegenüber den italienischen Arbeitsimmigranten am Bahnhof mit unserem ununterbrochenen *Bonnschorno* angaben, standen wir an der Kreuzung in der Ortsmitte und schrien den in Jeeps, Lkw oder Panzern vorbeifahrenden US-Soldaten lauthals *Schäwinggumm, Schäwinggumm* entgegen ... und bekamen meistens auch ein Päckchen zugeworfen.

Mein Vater hatte (die amtliche Genehmigung fand ich in einer Zigarrenkiste) einen primitiven Hörfunkempfänger selbst gebaut. Auf diesem Radio hörte meine Mutter im November 1963 von der Ermordung Präsident Kennedys ... und hörte nicht auf zu heulen. Das hat uns alle mehr berührt als etwa der Mauerbau zwei

Jahre zuvor. *Päckchen nach drüben* wurden trotzdem geschickt – in unserem Fall nach Lauchhammer.

Mein engster Freund Klaus und ich saßen am Bahnübergang und schrieben Autokennzeichen auf unsere *Maggi*-Blöckchen. GG, DA, HP, FB (der Wassermann!) waren nichts Besonderes. ERB, DI, F, FH, OF, MZ, WO, MA, HD eigentlich auch nicht. Aber hinzu kamen viele Kennzeichen, die wir vielleicht einmal in der Woche, oder gar nur einmal über den Sommer zu Gesicht bekamen. TBB, BID, KH, MIL, NK, KA gehörten dazu. GAP war unser regelmäßig gesehenes Unikat.

Spannend war auch das Zählen der Güterzugwaggons. Waren es gut 40? Ist die Vorstellung von mehr als 50 oder 60 Waggons reine Fantasie? Die Güterzüge, von denen es viele gab, kamen uns in jedem Fall ewig lang vor. Wenn man aufpasste, bekam man auch die Schnellzüge – aus Frankfurt oder Mannheim kommend – zu sehen. Faszinierend das Rot und Gelb des *TEE* nach Paris. Mächtig die V 200, die auch meine Modelleisenbahnanlage schmückte. Fernweh kam auf.

Fernweh, das 1964/65 durch einen Film im Vorabendprogramm des Fernsehens verstärkt wurde. Wir,

Klaus und ich, nahmen uns fest vor, zu zweit auch auf einer *Kreidler* oder *Hercules* an die Côte d'Azur zu fahren, ans Meer, das wir noch nie gesehen hatten, zu den hübschen Mädchen, die in diesem Fernsehfilm immer weiße Kleider oder weiße Röcke trugen.

Wir waren auch sonst erfinderisch, nahmen Atlanten zur Hand und dachten uns Spiele aus. Im Ortsverzeichnis wahllos herausgepickte Städte und ein Satz Spielkarten oder Würfel reichten, um internationale Turniere riesigen Ausmaßes und von langer Dauer zu veranstalten. Mein bis heute vorhandenes großes Interesse an Geografie wurde damals geboren.

Auf dem Weg ins Schwimmbad kamen wir, ging man „hinten herum", durch die Weidstraße, die für uns – die Eisenbahner-, Postler-, Polizistenkinder – diejenige Straße war, die für das ehemals reine Bauerndorf Goddelau am typischsten war. Alte Häuser, Fachwerk, kurvig, eher kleine Höfe. In einem der Bauernhöfe wohnte eine kinderreiche Kleinbauernfamilie. Eine Tochter, Hedwig, war eine gute Freundin meiner Schwester; Hedwigs Bruder hieß Horst. Die Mutter war groß gewachsen; ihre *Kreppel* waren die Besten. Die schwierigen Lebensumstände der Familie blieben auch uns Kindern nicht verborgen.

Je älter wir wurden, desto eher spürten wir die sozialen Unterschiede und „erkannten" die verschiedenen Milieus im Dorf (natürlich drückten wir uns anders aus, wenn wir überhaupt Worte dafür fanden). Es gab Trennlinien, die im Kinderleben jedoch kaum eine Rolle spielten oder eben durch Freundschaften leicht überwunden wurden. Unter den Erwachsenen waren diese Grenzen und Trennlinien wohl ausgeprägter und wurden bewusster wahrgenommen. Manche Trennlinien überschnitten sich.

Es gab die Einheimischen und die Zugezogenen, unter diesen nochmals gesondert die Flüchtlinge. Wie in jedem Dorf gab es Honoratioren unterschiedlicher Herkunft. Es gab die Bauern und die Nicht-Bauern. Ladenbesitzer, Handwerker, Wirtsleute – meistens seit langem in Goddelau daheim. Eine zweite Gruppe gewann an Zahl und Bedeutung (nicht erst, doch vermehrt nach 1945): Beschäftigte bei Eisenbahn, Post, Polizei und in der öffentlichen Verwaltung. Auch Lehrer. In den Jahren des Wirtschaftswunders kamen immer mehr Ingenieure, Büroarbeiter, Handelsangestellte und andere (soziale und technische) Dienstleistungsberufe hinzu. Die von der Ludwig- und der Alte Länderstraße sowie dem Friedhof begrenzte Gegend ist mir als

Kappesländer genanntes Neubauviertel in Erinnerung, wo vermutlich viele Zugezogene wohnten. Mit Gerd Röder verbinde ich ein Mehrfamilienhaus, mit Dieter Kneissl, der mit mir aufs Gymnasium ging, ein Einfamilienhaus.

Goddelau wuchs und veränderte sich. Der Verkehr nahm zu. Immer mehr Kraftfahrzeuge wurden verkauft und mussten irgendwann repariert werden. Autoschlosser wurde für viele Jungs zum Traumberuf. Eine Konservenfabrik nahm ihren Betrieb auf. Schließlich wurden in der Gegend neben Kartoffeln und Zuckerrüben vor allem auch *Gummern* angebaut.

Die unterschiedlichen Milieus waren erkennbar, aber nicht immer scharf getrennt. Überschneidungen gab es durch die Zugehörigkeit zu einer der beiden christlichen Glaubensgemeinschaften, über die Vereine, in den Wohnquartieren, durch die Kinder.

Immer mehr Goller arbeiteten außerhalb, in mittelständischen Betrieben in Nachbarorten, in Darmstadt, im Frankfurter Raum. Am Bahnhof konnte man Jahr für Jahr besser beobachten, was heute Pendlerströme genannt wird, morgens und abends.

Einzelne Frauen gingen einem Beruf nach. Sie waren Ausnahmen. Diejenigen, die nach Frankfurt fuhren (abends!, eine Frau sogar in roten Pumps!), wurden misstrauisch beäugt. Dass sie bei Neckermann in Frankfurt oder im Darmstädter Zeitungsviertel in Spätschichten Kataloge versandfertig machten oder Prospekte einlegten, wussten die wenigsten.

Ich lernte damals Akkordeonspielen. Mein Lehrer, Herr Ritter aus Griesheim, kam am Dienstagabend mit dem Zug. Ich hing am Fenster, hoffte immer inständig, er habe den Zug verpasst. Was nie geschah. Er kam meistens als einer der letzten aus dem Bahnhof, weil er sich dort noch einen *Stumpen* kaufte. Lernen musste ich bekannte Wanderlieder und alte Soldatenlieder. Ein Graus! Nach dem Unterricht lief Herr Ritter, ein netter älterer Mann, nach Erfelden, wo er – so hieß es – die Feuerwehrkapelle dirigierte.

Golle war ein Dorf. Nichts blieb unbeobachtet, die Informationswege waren kurz. Drei Beispiele.
Nach der Schule flitzte ich – unachtsam – vor dem Haus von Dr. Illert über die Hauptstraße. Ein Kieslaster musste heftig bremsen. Der Fahrer stieg aus und versohlte mir den Hintern. Als ich zuhause in der Bahnhofsallee ankam, wussten meine Mutter und die Nachbarn bereits Bescheid.

Etwa sieben oder acht Jahre alt dürfte ich gewesen sein, als ich von einem Rad, das am Bahnhof abgestellt war (einige Pendler kamen mit dem Rad zum Zug), eine wohl vergessene Brotdose vom Gepäckträger geklaut habe. Ich aß das mit Ei belegte Brot. Am nächsten Tag sprach mich (im Beisein und mit Wissen meiner Eltern) ein fremder Mann an und erzählte, mein Diebstahl sei bereits im Radio gemeldet worden. Die Polizei suche mich. Meine Angst war Strafe genug.

Schließlich: Ich ging ab 1962 aufs Gymnasium in Gernsheim (übrigens: wir waren in unserem Jahrgang gerade mal drei Goller, darunter kein Mädchen, zwei Söhne von Ingenieuren und ich als Eisenbahnerkind). Am Gernsheimer Bahnhof sprang ich noch im letzten Moment auf den bereits „abgepfiffenen" Zug auf. Der Zugschaffner studierte ausgiebig meine Fahrkarte (eine Art Freifahrtschein für Eisenbahnerkinder), auf der auch die Dienststelle meines Vaters vermerkt war. Als ich in Goddelau ausstieg, war mein Vater, der auf dem Befehlsstellwerk Dienst hatte, bereits informiert und verpasste mir auf dem Bahnsteig zwei Ohrfeigen. Noch schlimmer war: Das Taschengeld für eine Woche wurde gestrichen.

Im C-I-Trikot des TSV, mit dem kleinen Ralf.

Wehmut befällt mich nicht nur aufgrund der Erinnerung an Gewesenes, Unwiederbringliches, Vergangenes und Verlorenes. Wehmut befällt mich auch, wenn ich daran denke, was ich in Golle – durch unseren Zurück-Umzug in den Odenwald – *nicht* erlebt habe.

Die erste große Jugendliebe hat mich nicht im Ried, sondern andernorts gepackt. Was ist in den wilden Endsechzigern und Siebzigern aus meinen Schulfreunden und Nachbarsmädchen geworden? Wer lebt heute noch, wie und wo?

Ich bin auf keinem Foto der Goller B- oder A-Jugend-Mannschaften zu sehen. Weil ich in diesem Alter bereits weggezogen war. Meine erfolgreichen und schönen Jahre verbrachte ich in Mannschaften des FC Erbach. Bedauert habe ich schon zu dieser Zeit, dass ich auf Bezirksturnieren oder in der Bezirksauswahl nie einem Goller begegnet bin. Die in dieser Hinsicht einzige Verbindung nach Goddelau war ein Cousin Gerd Röders, ein guter Kicker beim TSV Trebur, der 1968/69 zweimal mein Gegenspieler im Kampf um die Bezirksmeisterschaft war.

Und zum wehmütigen – und in diesem konkreten Fall zwiegespaltenen – Abschied aus Golle gehört natürlich das Entscheidungsspiel zwischen dem TSV Goddelau und dem – welch ein Zufall! – FC Erbach im Bürstädter Waldstadion. Die Erste meines bisherigen gegen die Erste meines künftigen Vereins. Im Juni 1965, kurz vor meinem Wegzug aus Goddelau. Ich stand an der Barriere, auf der Seite der Goller Zuschauer. Wir gingen regelrecht unter. Am Ende stand es 6:1 für den FC, der damit in die damalige II. Amateurliga aufstieg.

Zuletzt – weil irgendwann Schluss sein muss – eine letzte Erinnerung. Es wird wohl 1963 gewesen sein, dass ich morgens, auf dem Weg zum Zug nach Gernsheim am Bahnsteigzugang zwischen Güterhalle und Bahnhofsgebäude einen Zettel entdeckt habe. Mit Reißzwecken am Holzzaun festgemacht. Mit einfacher Schrift stand auf dem Ringbuchblatt: *I love Beatles*. Eine Mädchenhandschrift.

Erst jetzt, fast sechzig Jahre danach habe ich zufällig erfahren, dass ab Ende 1965 ein Beatclub in Goddelau für Furore gesorgt hat. Im ehemaligen Kino Hartung. Mit Livemusik, mit deutschen und englischen Gruppen, auch solchen, die in den Jahren darauf sehr bekannt wurden. Ein Beatclub, der auch mit all dem anderen, was dazu gehörte, für Aufregung sorgte. In der Zeit der Miniröcke und langen Haare, der Träume und Furchtlosigkeit.

Ich wäre sehr gern dabei gewesen ... – in Golle.

Editorische Notizen

Wer gravierende Fehler entdeckt, möge sich bitte bei mir melden. Auch über sonstige Leseeindrücke und Resonanz würde ich mich freuen.

Man erreicht mich über die Website *www.ae-texte.de* oder direkt per E-Mail: *engelhardt@ae-texte.de*

Ich habe – wie im einleitenden Kapitel erläutert – bewusst auf eine intensive Recherche in Goddelau verzichtet.

Zwei (offenbar vergriffene) Bücher will ich erwähnen, weil auch sie auf ihre Art die Erinnerung unterstützen:

Franz Gruber: Fußball in Goddelau, 1999

Georg Spengler: Goddelau – Wie es einmal war, 1990.

Und nicht vergessen ist die Freundlichkeit, mit der mir *Anke Müller* (Stadtbücherei), Archivar *Klaus Görlich* und Riedbahn-Experte *Walter Kuhl* (Göda/Sachsen) vor wenigen Monaten begegnet sind. Danke.

Wiesbaden, im November 2020

Weitere Bücher von Albert Engelhardt

Die Villa am Rhein

Drei Erzählungen
2020
ISBN 9783751969949

Drei Paare sind in den Rheingau eingeladen, Illegaler Kunsthandel, die turbulente Zeit der Wende und ein düsteres Geheimnis spielen eine Rolle. Vergebliche Liebesmühe ist das Thema einer zweiten Geschichte, und die dritte erzählt von der Begegnung wildfremder Menschen und ist voller Kapriolen.

Blicke und Begegnungen

Erzählungen
2020
ISBN 9783750430945

Flüchtigkeit, die ein Leben verändern kann. Begegnungen, die unbemerkt bleiben. Neun Geschichten. Eine kurze gemeinsame Zugfahrt, ein ganzes Leben in wenigen Minuten erzählt, eine geheimnisvolle Bretonin und ihr junger Liebhaber, Alenka und ihre fünf dankbaren Männer, eine Bibliothekarin und ein Kirmesboxer. Vielfältiges Glück – im Schaukelstuhl, am Rheinufer, an der Côte de Granit Rose und auf Lanzarote.

Das andere Land
oder
Siesta am Kanakenbunker

Roman
2019
ISBN 9783741275760

Frankfurt-Bockenheim zwischen 1990 und 2015. Ein Straßenfest und ein feuchtfröhlicher Kneipenabend. Eine junge Polin verliert ihr Leben, drei Männer werden verhört. Fünfundzwanzig Jahre später ist der Tod immer noch nicht aufgeklärt. Ein dubioser Roman rührt „die alte Geschichte" wieder auf. Mit vielen Details. Die Vergangenheit holt die drei Männer ein. Und dies in einem Jahr, das die „Bockenheimer Szene" vor neue und elementare Fragen stellt.

Wolkenschieber
oder
Drei Sommer am Cap

Roman
2018
ISBN 9783752828283

1977. Zwei Marburger Studenten und ihre Freundinnen verbringen in der Bretagne ihre Sommerferien. Die langjährige Freundschaft von Andreas und Benno zeigt Risse, Connie und Dora gehen ihre eigenen Wege.
1992. Illusionen sind zerstoben. Wendungen des Zeitgeschehens erzwingen neue Lebensentwürfe. Zweifel gewinnen die Oberhand. Die sonnigen Wochen am Cap Fréhel können Enttäuschungen und Zerwürfnisse nicht überdecken.
2007. Ein sehr geselliger und vielstimmiger Abend beschließt den gemeinsamen Bretagne-Urlaub. Alte Freunde, neue Liebschaften, Wehmut und Abenteuerlust. Die Lebensgeschichten sind noch nicht zu Ende erzählt.